Jagoda Marinić

SANFTE RADIKALITÄT

Zwischen Hoffnung und Wandel

S. FISCHER

MIX
Papier | Fördert gute Waldnutzung
FSC® C083411

4. Auflage 2025
Erschienen bei S. FISCHER

Satz: Dörlemann Satz, Lemförde
Druck und Bindung: CPI books GmbH, Leck
ISBN 978-3-10-397674-8

Kontaktadresse nach EU-Produktsicherheitsverordnung:
produktsicherheit@fischerverlage.de

Inhalt

Prolog

Sanfte Radikalität, das ist für mich die Entscheidung, eine Idee oder ein Projekt wirklich in die Welt zu bringen, statt Radikalität nur dafür zu nutzen, jene anzuprangern, die anders denken. Wer Wandel will, muss jene finden und gewinnen, die für eine Sache zu begeistern sind, statt auf Radikales mit derselben Art von Radikalität zu antworten. Das bedeutet nicht, schwächer zu sein, sich übergehen zu lassen, es bedeutet lediglich, dass Zustände, die sich verändern sollen, nicht besser werden können, wenn die Menschen, die sie verbessern wollen, auf dem Weg dorthin ihre **Werte** und ja, ihre Sanftmut verlieren.

Die letzten fünfzehn Jahre schrieb und arbeitete ich oft zu den Themen Minderheitenrechte, Feminismus, schrieb für einen emanzipatorischen **Wandel** in einer Gesellschaft, in der die Machtverhältnisse etabliert zu sein schienen. Genau genommen fing ich schon im Studium damit an. Ich entschied mich jedoch nach einigen Jahren dafür, nicht nur durch Vorträge, Bücher und Konferenzen den Blick auf die Welt, in der ich lebe, mitgestalten zu wollen, sondern auch durch Handeln. Mag sein, dahinter steckte der Wunsch, die eigenen Ideen und Utopien auf ihre Umsetzbarkeit und Gegenwartsfähigkeit hin zu prüfen, vielleicht war es auch nur die Naivität, zu glauben, ich könne tatsächlich etwas ausrichten. Ich im Sinne eines jeden Einzelnen. Dieses »etwas bewegen« war nicht einfach, es forderte viele Lernprozesse von mir und den Menschen, mit denen ich arbeiten und Dinge bewegen wollte. Aber mit der Zeit stellte sich heraus, oder zumindest ich musste feststellen, dass Bewegung nicht entsteht, weil man sie laut schreiend fordert, sondern weil man leise, aber beharrlich Erlebnisse und Räume schafft, die das Denken verändern und insbesondere das Vertrauen in die Veränderbarkeit der Umstände, in denen man lebt. Je handlungsfähiger ich und die Menschen, mit denen ich Ideen umsetzen durfte, wurden, desto mehr entfernte ich mich von der diskursiven Radikalität, die heute oft den Ton bestimmt, gerade auch bei vielen meiner Generation, die sich für Demokratie und Menschenrechte einsetzen, die sogenannte Gesellschaft vor allem durch **Diskurse**, Debatten und Diskussionen wahrnahmen und zu beeinflussen versuchten. Für manche wurde ein *Hot Take* wichtiger als der Langzeiteffekt ihrer Gedanken und der daraus erwachsenden Handlungen.

Während in den letzten zehn Jahren sowohl von Feministinnen als auch von Menschenrechtskämpferinnen die »Wut« als verändernde Kraft gepriesen und zurückerobert werden sollte, distanzierte ich mich im selben Maße von dieser Emotion, wie es mir gelang, etwas Reales aufzubauen. Wut erschien mir eher wie eine zersetzende Kraft, die vor allem jene frisst, die meinen, man brauche sie, um glaubwürdig auf Unrecht zu reagieren und es anzuprangern. Es kam so, dass einige mir sogar vorwarfen, einfach nicht ausreichende Marginalisierungserfahrungen gemacht zu haben, um Wut verstehen zu können, als bräuchte es die Bereitschaft, Gefühle öffentlich zu Schau zu stellen, um glaubwürdig zu sein. In einer emotionalisierten Gesellschaft wird die Emotion zur Währung, zu dem, was einen vermeintlich authentisch macht, nicht das Argument zählt, sondern vor allem die Emotion.

Wie sehr gerade diese Emotion mir jedoch schadete und mich in die Opferrolle presste, spürte ich schnell. Ich suchte bei Persönlichkeiten, deren Denken und Schreiben mich seit jeher geprägt hatten, und fand nicht zuletzt in einem Interview von Toni Morrison eine Haltung, in der ich mich bestätigt fühlte in meinem Misstrauen gegen die Wutmanie:

> Anger … is a paralyzing emotion … you can't get anything done. People sort of think it's an interesting, passionate, and igniting feeling – I don't think it's any of that – it's helpless … it's absence of control – and I need all of my skills, all of the control, all of my powers … and anger doesn't provide any of that – I have no use for it whatsoever.

Das war es: Ich brauchte meine Klarsicht, um meine Fähigkeiten zusammenzuhalten, um das, was ich als Möglichkeitsraum sah, zu betreten und meine Kritik an Missständen in etwas Konstruktiveres zu verwandeln. Natürlich fand ich viele Momente insbesondere in Fernseh-Interviews, in denen auch Toni Morrison wütend wurde, weil sie etwa rassistische Vorurteile der Interviewer bloßstellen musste, es ging aber nicht darum, die Wut über Missstände nicht zu spüren, sie nie zum Ausdruck zu bringen; es ging nur darum, nicht in das Gefühl der Hilflosigkeit zu verfallen, das dem Wutausbruch meistens vorausgeht und das einem die Kontrolle über die eigene Reaktion nimmt. Kann man Sanftmut als Prinzip wählen, ohne zu nachgiebig zu werden?

Wer Wandel als etwas Prozesshaftes versteht, das Zeit bedarf, das niemand wütend wegschreien kann, weil auch Wut sich im Neuen festsetzt, der versteht, dass die eigenen Gefühle ein Ausgangspunkt sind; wer sich für Aggression entscheidet, setzt die Gewaltspirale fort, in sich und in anderen. Der Wutmodus reproduzierte auch die Gewalt, die man erfahren hat. Er hält einen in der Vergangenheit und ist die schrille Seite einer unerträglichen Ohnmacht. Oft mag diese Wut berechtigt sein, aber durch Lärm und Lautstärke allein wird sie nicht in etwas Neues verwandelt. Diese berechtigte **Wut**, die ich auch oft spürte, die zugegebenermaßen hilfreicher ist als die apathische Hilflosigkeit, die viele überkommt, wenn sie Ungerechtigkeit sehen, ließe sich durch ein anderes Gefühl in etwas Konstruktives verwandeln, ohne an Kraft zu verlieren: Es wäre eine sanfte Radikalität, die nicht schreien muss, weil sie aus der Gewissheit erwächst, kraftvoll am Wandel zu arbeiten. Die Voraussetzung für diese **sanfte Radikalität** ist **Hoffnung**.

Ich hatte mich etwa ab 2012 dafür entschieden, nicht mehr nur zu beschreiben, zu schreiben, zu konferieren und zu diskutieren, sondern Strukturen zu verändern, das Bestehende zu nutzen, um Neues zu schaffen. Wie hoffnungsvoll dieser Schritt war, das erschloss sich mir erst, als ich den Prozess vollzogen hatte, denn anfangs war zugegeben auch bei mir die Wut eine der treibenden Kräfte. Ich hätte es in diesem Wutmodus aber nicht zum Ziel gebracht. Ich musste lernen, die Wut eher als Seismograph zu sehen, eine Art Kontrastmittel, das mit anzeigte, woran gearbeitet werden musste. Erst indem ich lernte, die Wut zu kontrollieren, konnte es so etwas wie ein Marsch durch die Institutionen werden, der für viele Aktivisten heute keine Option mehr zu sein scheint: Die meisten möchten außen vor bleiben, die Institutionen haben vor allem für jüngere Bewegungen wie *Fridays for Future* ihre Glaubwürdigkeit verloren. Es war ein unerwarteter Wandel, die *Letzte Generation* nun doch dabei zu erleben, wie ihre Mitglieder für das EU-Parlament kandidierten, statt sich auf die Straßen zu kleben. Warum verzichten viele politisch interessierte junge Menschen darauf, in dieser Demokratie die demokratischen Strukturen von innen heraus zu verändern, sie zu verjüngen und mit ihren Inhalten zu prägen und versuchen stattdessen, von außen mühevoll menschenrechtlichen oder klimafreundlichen Lobbyismus zu betreiben? Die »Wut auf die da oben« wird zum Accessoire für die eigene Aktivismus-Glaubwürdigkeit, denn man ignoriert das Versprechen der Demokratie, das im politischen System der Bundesrepublik Deutschland im Gegensatz zu den USA noch eher gilt, dass jeder versuchen kann, über Parteien am politischen Willensbildungsprozess teilzuhaben.

Mein Umgang mit Wut begann sich mit jenem Moment zu verändern, in dem ich Verantwortung übernahm und spürte, dass sie mir Handlungsmöglichkeiten eröffnet, die Spielräume der Demokratie aufzeigt. Der Einzelne kann immer auch Verantwortung übernehmen, statt anderen nur vorzuwerfen, dass sie die Dinge nicht so tun, wie man es selbst richtig fände. Selten bleibt man dabei lange allein. Verantwortung ist verbindend. Diese Art, das politische System für die Bündelung von Kräften zur Durchsetzung eigener Interessen zu nutzen, findet sich derzeit leider eher bei rechtspopulistischen oder gar rechtsextremen Kräften. Wer also aufgibt, das politische System auch von innen prägen und gestalten zu wollen, überlässt es jenen, die demokratische Strukturen missbrauchen, um demokratische Grundsätze abzuschaffen.

Das Bedürfnis, dieses Buch zu schreiben, entstand in einem langen, ruhigen Sommer, nachdem ich die Verantwortung für das Interkulturelle Zentrum Heidelberg, das ich jahrelang mitaufgebaut hatte, und das International Welcome Center, das ich mitkonzipiert hatte, wieder abgegeben hatte. Es war in diesen Jahren etwas entstanden, das mehr war als mein eigenes Engagement, das eine etablierte Struktur bildete, Räume für Menschen und ihre Themen öffnete. Das Gelingen in der Demokratie kann eine ebenso korrektive Erfahrung sein wie im Persönlichen: Wenn es möglich ist, eigene Ideen umzusetzen, ein integratives Projekt zum Teil von kommunalen Strukturen werden zu lassen, dann ist die Behauptung, struktureller Rassismus sei einfach da und es fehle vor allem der Wille, etwas zu ändern, nicht vollständig.

Vielleicht fehlt diskriminierenden Strukturen die Fähigkeit, Neues zu integrieren, vielleicht fehlt aber auch die Bewegung, die konkrete Ideen in die bestehenden Strukturen einbringt und so die Veränderung auslöst, bis schließlich gemeinsam mit anderen Neues entsteht.

Manchmal stößt man ja in solchen ruhigen Sommern auf Menschen und Bücher, die man zum jetzigen Zeitpunkt braucht und die man erst in diesem Moment verstehen lernt, obwohl man schon jahrelang von diesen Menschen und ihrem Wirken gehört hat. In diesen Momenten findet man sie – oder sie einen. Für mich war in diesem Sommer Jane Goodall dieser Mensch und das Buch ein Interviewband mit ihr: *HOPE*. Ich las die Interviews mit ihr, und mit jeder Seite verstand ich, wie ihre Art zu denken in den letzten Jahren mein Handeln geprägt hat, ich es aber kaum öffentlich artikuliert hatte, weil in den deutschen Diskussionen die Hoffnung und ihre Wirkmacht zu selten vorkommt, weil jene mit Aufmerksamkeit belohnt wurden, die wütend, kampflustig und vorwurfsvoll waren. Wer über Einwanderung redet, über Feminismus, über Wandel ist diskursiv meist damit beschäftigt, die Scherben der Debatten der letzten Jahrzehnte aufzuräumen, natürlich lässt das wenig Raum für das Konstruktive. Mir wurde klar, dass ich mich auch deshalb ans Tun gehalten hatte, weil Deutschland in der Praxis oft viel weiter ist als diskursiv. Jane Goodalls Ansichten über Hoffnung, über das Betrachten der Natur zeigten mir, wie viele Menschen auch bei uns genau das praktizieren, ohne dass sie es öffentlich zur Sprache zu bringen wüssten.

Das präzise Hinhören, der Wunsch, Lebenswirklichkeiten für andere zu verbessern, das alles findet in der erschöpfenden Gleichförmigkeit des alltäglichen Tuns kaum Platz und wird überlagert von »Kulturkämpfen«. Die Diskussionen sind voller Aggressionen, weil angeblich vor allem rechte Kräfte bekämpft werden müssen. In diesem Kampf gegen sie reproduziert man jedoch vor allem ihre Ideologien und macht sie zur Diskussionsgrundlage, all das Scheinwerferlicht liegt auf der Zersetzungswut. Die gesellschaftliche Mitte hat sich jahrzehntelang vor allem Angstnarrative servieren lassen, die in Krisenzeiten wie diesen mit Leichtigkeit abzurufen sind. Das Gelingen wurde überlagert von den Kulturkämpfen auf der einen Seite, der Negation der Kulturkämpfe auf der anderen Seite und dem Angstschüren auf beiden Seiten.

Als ich Jane Goodalls Buch in den Händen hielt, Absatz für Absatz in die Ruhe ihrer Gedanken einstieg, spürte ich zum ersten Mal in dieser Deutlichkeit, wie sehr diese Art, die Welt zu betrachten, Hoffnung als Grundsatz von allem zu sehen, meine letzten zehn Jahre geprägt haben. Es wäre vieles anders gewesen, wenn ich nicht diese Hoffnung gehabt hätte, dass sich das Zurückstellen vieler für mich wichtiger Tätigkeiten wie das Schreiben lohnt, wäre da nicht die Hoffnung gewesen, mit dem eigenen Handeln etwas ausrichten zu können, was das Zusammenleben zumindest auf dem kleinen Raum, den ich mitprägen darf, für eine Weile verbessert, statt nur am Status Quo neurotisch festzuhalten und ihn wortstark anzuprangern. Ein Haus der Kulturen aufzubauen, jahrelang für Vorträge durch die Republik zu reisen, durch Europa, in die USA, um darüber zu diskutieren, wie man in Deutschland demokratischen Wandel gestalten könnte, wie Einwanderung auch in Deutschland eine Geschichte werden könnte, die zu uns gehört, statt aufgedrückt zu sein. Je besser man von Einwanderung erzählt, desto mehr wird diese Erzählung dazu beitragen, dass Menschen sich in Deutschland beheimaten und sich einbringen, dieses Land lebenswerter zu machen.

Ich hatte aus Hoffnung gehandelt, ein Wort, das hier in Deutschland gerne mit Naivität belegt wird, das gerne dem enthusiastischen anglosächsischen Raum überlassen wird, wo es dann wiederum von hier aus euphorisch beklatscht wird. Selbst wenn ich nach zehn Jahren Wandel eine Erschöpfung spüre, weil einerseits das Interkulturelle Zentrum nun fester Bestandteil einer Stadtgesellschaft geworden ist und viele Menschen mit ihrer Selbstwirksamkeit in Verbindung brachte, die ihre Inhalte vertreten, sieht jeder gleichzeitig in Europa und weltweit autoritäre Kräfte alles in Frage stellen, was ich im europäischen Mikrokosmos, das dieses Haus war, zehn Jahre erfolgreich aufbauen durfte: ein friedliches, tolerantes Zusammenleben in Verschiedenheit, natürlich über Europa hinaus.

Als ich anfing, dieses Buch zu schreiben, marschierten Hunderttausende von Bürgerinnen und Bürgern durch Deutschland und setzen ein Zeichen gegen rechts. Demonstrationen in München und Hamburg müssen aufgelöst werden, weil mehr Demonstranten erscheinen, als geplant war. Vor dem Reichstag in Berlin stehen Menschen im Lichtermeer und verteidigen die demokratische Gesellschaft, die nach dem Ende des Zweiten Weltkriegs aufgebaut wurde. Für viele Menschen mit Einwanderungsgeschichte ist dieses Signal eines, auf das wir lange gewartet haben, niemand weiß bisher, mit welcher Strategie der Rechtsruck aufgehalten werden kann, zumal er global ist. Doch die Massendemonstrationen sind ein Signal an die Politik, immer mehr Bürgerinnen und Bürger sind nicht länger bereit, dabei zuzusehen, wie demokratische Grundwerte zur Disposition gestellt werden. Aus diesem Protest kann Wehrhaftigkeit erwachsen.

Nun wenden kritische Stimmen nicht zu Unrecht ein, mit Demonstrationen sei das Gedankengut längst nicht aus der Welt geschafft, und wenn es schließlich darum geht, die Werte, für die man eindrucksvoll demonstriert, im Kleinen für die Demokratie zu erkämpfen und Strukturen aufzubauen, so werden die Bundesbürger im Alltag wieder alleine gelassen, insbesondere im ländlichen Raum oder in strukturschwachen Regionen. Noch während ich dieses Buch schreibe, wählen viele Menschen in Europa bei den Europawahlen rechts oder gar rechtsaußen. Die Aufbruchstimmung hat nicht lange gehalten, viele Europäer meinen, selbst rechtsextreme Parteien seien besser als das Weiter-So. Antidemokratische Bewegungen werden zum Hoffnungsort für die Hoffnungslosen, was an sich schon eine Geschichte der Verzweiflung in Demokratien ist.

Auch gegen dieses Gefühl der Ohnmacht schreibe

ich dieses Buch. Für die Tage nach den selbstvergewissernden Demonstrationen, in denen es darum geht, die gezeigte Haltung in demokratische Realität zu verwandeln: Es ist höchste Zeit, die bestehenden Strukturen wieder für mehr Demokratie zu nutzen, zu lernen, dass wir in Diskussionen nur einen kleinen Teil leisten können, der jedoch ohne das hoffnungsvolle Handeln verpuffen wird, weil antidemokratische Kräfte eine konzertierte Zusammenarbeit an den Tag legen, die mehr als die Machtübernahme zum Ziel hat, sondern die Macht missbrauchen will, um demokratische Strukturen auszuhöhlen. Wie gelingt in diesen Zeiten nicht nur der Erhalt des Gestern, sondern doch noch ein Wandel in eine Zukunft, die es mehr Menschen ermöglicht, am demokratischen Prozess teilzuhaben? Ich möchte die Erfahrungen, die ich machen konnte, teilen, die Zweifel beschreiben, die Frustrationen, aber auch das, was man lernen kann in solchen Auseinandersetzungen und wie man beharrlich bleibt, bis der Wandel einsetzt.

In Jane Goodalls Buch sitzt sie in einer Szene mit ihrem Interviewer in ihrem Garten, und er fragt sie, ob sie nicht auch die Hoffnung verliere, wenn sie sieht, wie Konzerne Natur aufkaufen, teure Immobilien und Supermärkte bauen. Jane Goodall beschreibt den Schmerz, den sie spürt, wenn sie Natur verschwinden sieht, überlegt kurz und wendet sich dann dem Möglichen zu: Neben dem neuen Bau ist ein Stück Natur, das sie noch retten könne, für das sie noch kämpfen könne, bevor sie in Verzweiflung verfällt. Weil sie den Raubbau nicht verhindern konnte, überlegt sie sich, wie sie das Stück Natur, das noch geblieben ist, retten könnte.

Erschöpfung stellt sich ein, wenn sich der Blick auf das richtet, was nicht gelungen ist, statt auf die nächsten Möglichkeiten, etwas Sinnvolles zu tun. So wie ich zunächst erschöpft war, als ich dachte, zehn Jahre etwas aufgebaut zu haben, nur damit rechte Kräfte jetzt auf die Idee kommen könnten, das wieder rückabzuwickeln, die Wut der Menschen für ihre rechten Unphantasien zu missbrauchen. Meine Hoffnung war anfangs, Nachahmer zu finden, die in verschiedenen Städten demokratische Räume schaffen, die Menschen Mut machen. Hoffnung ist es auch, die mich dazu bringt, nun darüber zu schreiben, was ich in diesen zehn Jahren des Aufbaus gelernt habe, weshalb ein Rückschluss aus dieser Zeit ist, Diskussionen nicht zu überschätzen; auch wenn sie eines der Austragungsinstrumente der Demokratie sind, werden sie nur einen kleinen Teil der Probleme lösen. Was es jetzt braucht ist die Bereitschaft, sich einzubringen, aus dem Gespräch ins Handeln zu gehen.

In einer funktionierenden Demokratie wird dabei niemals der Radikalste Erfolg haben. Wer in einer Demokratie seine Vorstellungen auf dem Marktplatz der Ideen durchsetzen möchte, muss lernen, seine Ideen für möglichst viele Bürgerinnen und Bürger zugänglich zu machen. Das gelingt nicht, indem ich andere anschreie oder ihnen ein schlechtes Gewissen mache, es gelingt nicht rein pädagogisch und schon gar nicht dogmatisch. Es ist ein Lernprozess, in dem ich die Idee nie aus den Augen verliere und doch immer neue Mittel finde und neue Wege, Demokratie zu verstehen und zu leben. Ich wurde sanfter auf diesem Weg, aber meine Vorstellungen von einer gerechteren Gesellschaft nicht weniger radikal.

Ich möchte in diesem Buch erzählen, wie es möglich wurde, meine Ideen Wirklichkeit werden zu lassen, wie ich Menschen für meinen Traum begeistern lernte, aber auch lernte, mit ihnen neu zu träumen. Ich habe in diesem Jahr viel über die Konflikte unserer Gesellschaft gelernt, über Machtverhältnisse, Bürokratie und über strukturellen Rassismus, auch über die Schwächen jener, die meinen, eine gute und gerechte Agenda zu verfolgen. Wenn es diesem Buch gelingt, einigen seiner Leserinnen und Lesern den Schritt weg von der Wut oder der aktivistischen Hybris zum hoffnungsvollen Handeln hin zu ermöglichen, hat es einige meiner Hoffnungen erfüllt.

Sehen

In diesem Buch werde ich über die Gesellschaft schreiben, ein Begriff, der häufig zu hören ist und doch – oder gerade deshalb – schwer greifbar bleibt. Aus der politischen Sphäre heraus wird der Begriff meist dann bemüht, wenn man Ansprüche stellen will, den Zusammenhalt einfordert (wie zuletzt bei Corona oder der Energiekrise). Intellektuelle und mediale Kreise scharen um den Begriff hingegen häufig ihre Diagnose- und Bedrohungsszenarien von Empörungsgesellschaft bis Therapiegesellschaft. Schon vor zehn Jahren etwa bemühte sich der Philosoph Peter Sloterdijk um »die Gesellschaft«, natürlich unter der Fragestellung, ob sie denn zerbreche oder was sie überhaupt sei. Krisenszenarien, Bedrohungserzählungen, Auflösungsängste begleiten das Reden über Gesellschaft im öffentlichen Raum; die Abstraktion zu konkretisieren, sie zu präzisieren, fällt hingegen schwer – natürlich auch mir.

Ich werde über Begriffe schreiben, mit denen wir über Gesellschaft sprechen, mit denen wir Prozesse beschreiben, sie vielleicht auslösen oder aufhalten möchten. Doch bevor ich dies tun kann, möchte ich einen Begriff über alle anderen Begriffe setzen: das Sehen. Er ließe sich durch das Hören ergänzen, das Erfassen der Welt und der Ereignisse in ihr mit den Sinnen – ich meine jedoch allen voran das Sehen. Wie betrachten wir und sind wir uns dessen bewusst, wie sehr sich das Erfassen der Welt, in der wir leben, verändert hat?

In einer Ausstellung über den britischen Schriftsteller und Maler John Berger, der sich viel mit dem Sehen in der Kunst beschäftigte, wurde mir deutlich, dass wir zu wenig darüber nachdenken, wie die Zeit, in der wir leben, die Medien, die wir konsumieren, die Art, wie wir betrachten, den Gegenstand vor uns verändern. »Ways of Seeing« war eine Dokumentarreihe der BBC, die sich mich der europäischen Malerei beschäftigte. John Berger steht in diesen Videos, die noch heute auf YouTube zu finden sind, wie ein Peter Lustig der britischen Intellektuellen vor seinem erwachsenen Publikum und versucht, das Mysterium des Sehens im Zeitalter der Reproduktion so zu erklären, dass ihm jeder folgen kann. Er redet dabei über die Kunstwerke der europäischen Malerei seit dem 14. Jahrhundert bis zu ihrem Ende im 19. Jahrhundert. Er betont, dass sich nicht so sehr die Kunst verändert habe, sondern ihre Betrachter. Die Menschen der heutigen Zeit sehen Kunstwerke ganz anders als alle Menschen vor uns, die nur den gegenwärtigen Moment mit dem Kunstobjekt in einem einzigen Raum hatten. Was erzählt uns das über unsere Lebensbedingungen heute und über uns selbst, fragt er.

Was John Berger in diesen Dokumentationen und in seinen Büchern geleistet hat, müssen wir für unsere Betrachtungen von Gesellschaft noch übersetzen. Bleiben wir jedoch zunächst bei John Berger und den

Kunstwerken: Sehen ist für ihn kein natürlicher Akt, den Menschen spontan vollbringen, vielmehr sind es Gewohnheiten und Konventionen, die unser Sehen und unseren Blick auf Bilder in einer gewissen Weise einstellen, als wäre unser Auge die Kamera, die von den Sehgewohnheiten ihrer Zeit eingestellt wird. Er beschreibt die europäische Malerei als einzigartig dahingehend, dass die Perspektive sich immer auf das Auge des Betrachters fokussiert. Wie das Licht eines Leuchtturms, sagte er, nur fiele Perspektive nicht aus dem Leuchtturm, sondern all das Licht fiele in den Betrachter. Das menschliche Auge, der Betrachter, wird durch eine Perspektive zum Ausgangspunkt von Wirklichkeit. Die Welt, die wir betrachten, bewegt sich mit dem Betrachter, will sagen, wir sehen nur das unmittelbar vor uns Seiende und: Der Mensch und sein betrachtendes Auge konnten zu einer bestimmten Zeit nur an einem einzigen Ort sein.

Mit der Entstehung der Kamera verändert sich all das. Der Mensch konnte nicht mehr nur das sehen, was unmittelbar vor ihm lag, die Vielfalt der Perspektiven ließ sich auch nicht mehr nur auf einen einzigen Betrachter zuschneiden, die Realität fächerte sich auf, die Kameras bildeten nur einen Teil davon ab, die Dimension dieser Wirklichkeit wurde nicht zuletzt bedrohlich. Den Einzelnen und sein Auge als Fluchtpunkt zu setzen, wurde immer schwieriger, am leichtesten lässt sich das anhand von Picassos Kubismus zeigen. Das Objekt ist nicht mehr nur eine Frau, sondern je nachdem, von wo aus betrachtet wird, zeigt sich diese Frau anders. So sprengt auch die Kamera die Art, wie wir Realität beschreiben, abbilden und verstehen.

> Kamera: Ich bin das Kinoauge. Ein mechanisches Auge. Ich, die Maschine, zeige dir die Welt so, wie nur ich sie sehen kann. Von heute an und in alle Zukunft befreie ich mich von der menschlichen Unbeweglichkeit. Ich bin in ununterbrochener Bewegung, ich nähere mich Gegenständen und entferne mich von ihnen, ich krieche unter sie, ich klettere auf sie, ich bewege mich neben dem Maul eines galoppierenden Pferdes … Das bin ich, die Maschine, die in den chaotischen Momenten manövriert … Mein Weg führt zur Schaffung einer neuen Wahrnehmung der Welt. So erkläre ich auf eine neue Weise die dir unbekannte Welt …
>
> (Manifest von Dziga Vertov, russischer Filmregisseur)

John Berger zeigt uns, dass die menschliche Art zu sehen sich für immer verändert hat, sie verändert selbst rückwirkend die Malerei von früher, weil wir sie anders betrachten müssen aufgrund unserer neuen Sehgewohnheiten. Ein Bild an der Wand und das menschliche Auge können zu einem bestimmten Zeitpunkt nur an einem bestimmten Ort sein. Die Kamera hingegen fängt dieses Bild ein, sie reproduziert es und macht es verfügbar, meist auch in anderen Größen und Ausführungen.

Warum erzähle ich das? Ich würde diese Herangehensweise gerne aus der Welt der Malerei in die Art, wie wir Gesellschaft betrachten, übertragen. Viele von Bergers Beobachtungen des Gegenständlichen treffen auch für unsere Betrachtungen von Gesellschaft zu, und es hilft uns, die Radikalität und Unübersichtlichkeit unserer Zeit zu verstehen, wenn wir uns das zu Beginn dieses Buches einmal vor Augen führen. Analog zum Gemälde bei John Berger ist Gesellschaft das Bild, das der Einzelne betrachtet. Er ist natürlich auch Teil von ihr und gestaltet sie, aber bleiben wir beim Betrachten, beim Erfassen der Welt, die den Einzelnen umgibt und wie sich das verändert hat, indem wir uns auf das Gedankenspiel dieser Analogie einlassen.

Die Art, wie der Einzelne auf diese Gesellschaft blickt, ist mit dem Betrachter eines Kunstwerks vergleichbar: Alles, was auf Bildern zu sehen war, fiel in den Betrachter wie das Licht eines Leuchtturms, sagte Berger, die Perspektive war eindeutig, es war die Perspektive der europäischen Malerei. Die meisten Menschen betrachten die Ereignisse, die sie umgeben, auf dieselbe Weise, als wäre alles auf sie zugeschnitten. Vor der Erfindung der Kamera – und insbesondere der Medien und Sozialen Medien – war diese Gesellschaft das Unmittelbare, so wie Berger beschrieb, dass Bild und Betrachter früher in einem Raum standen und nur dort sich ihre Realität formte, bis die Kamera ins Spiel kam. Plötzlich sah der Betrachter entlegene Perspektiven aus entlegenen Teilen der Welt.

Wer heute über Gesellschaft nachdenkt, der steht eben nicht mehr nur vor der eigenen Stadt, dem alltäglichen Miteinander mit den Menschen, die den Alltag ausmachen, in einem eng umfassten Raum, sondern auch hier öffnet sich durch die Kamera der Blick in andere Räume, in eine Vielheit von Perspektiven. »Ich befreie mich heute und für immer aus der menschlichen Unbeweglichkeit. Ich bin ständig in Bewegung. Ich nähere mich Objekten und entferne mich von ihnen«, schrieb der russische Filmregisseur Dziga Vertov. Die Mobilität des Auges der anderen erreicht jeden Einzelnen heute über Nachrichten, digitale Medien und vor allem Soziale Medien, die sich der Kontrolle eines Kurators zunehmend entziehen, wie zuletzt beim grauenhaften Einsatz von Bildern in Sozialen Medien durch die Hamas nach dem 7. Oktober zu sehen war. Was Gesellschaft ist, entscheidet sich nicht mehr im räumlichen Erleben des Einzelnen, der in einer unmittelbaren Umgebung steht, es entscheidet sich auch durch die Bilder, die zu ihm transportiert werden, kuratiert oder nicht. Die Kamera bringt eine Vielheit an Perspektiven, sie ist inzwischen einer der entscheidenden Wege, wie die meisten von uns die Welt betrachten. Das Gezeigte ist dabei längst nicht mehr auf bestimmte Betrachter genau zugeschnitten, die Kameras repräsentieren konstant die Welt, in der wir leben, und auch die Mobiltelefone zeigen sie uns ohne Filter.

Die Art und Weise, wie wir Gesellschaft betrachten, hat sich dadurch grundlegend verändert, wie John Berger in seiner Dokuserie dies für die Betrachtungsweise von Kunstwerken beschrieb. Die Produktion von Kunstwerken ist angesichts der medialen Veränderungen eine andere, so ist es auch mit der Produktion des Gesellschaftsbegriffs. Wie der Einzelne die Gesellschaft betrachtet, hängt von den Bildern ab, die er konsumiert hat, von den Perspektiven auf die Realität, die ihm Kameras erschlossen haben. Gerade in Zeiten des Smartphones, in denen diese Bilder unkuratiert den Betrachter erreichen, spielt diese Dimension der Welterfahrung eine zentrale Rolle. Wir reden längst nicht mehr über eine Wirklichkeit, in welcher der Einzelne die Realität wahrnimmt, wenn er sein Haus verlässt und auf die Straße geht, ins Gemeinde- oder Kulturzentrum, sondern darüber, wie sich seine Wirklichkeit über die Kamerabilder der anderen zusammensetzt. »Gesellschaft« und was für sie gehalten wird kuratieren inzwischen auch die Algorithmen in den Sozialen Medien, und obwohl der Gang zum Bäcker nicht im geringsten bedrohlich wäre, könnte ein bedrohliches Video, das einen über das Smartphone erreicht, auf dem Weg dorthin den subjektiven Eindruck des Betrachters verändern: Er kauft nicht mehr nur sein Brot, er tut es trotz der subjektiven Gefahr, die ihm soeben im Handy abgebildet wurde. Das Bild seiner Wirklichkeit hat mit dem, was er vor sich sieht, nicht mehr viel zu tun, für viele überlagert die repräsentierte Wirklichkeit sogar die unmittelbare Weltwahrnehmung, was angesichts der wachsenden Frequenz, die jeder Einzelne pro Stunde ins Netz geht, nicht verwundert. Dem gegenüber stehen jene, die von dieser Flut überfordert sind und sich dem medialen Zugang zur Welt am liebsten völlig entziehen wollen, weil sie ihre Wirklichkeit wieder reduzieren möchten auf den Moment, den John Berger als jenen beschrieb, in dem ein Betrachter mit einem

Kunstwerk alleine in einem einzigen Raum zu einem bestimmten Zeitpunkt stand.

Auch das Diskutieren über Gesellschaft schafft ein Bild von Gesellschaft, das der Einzelne betrachtet – und natürlich mitzeichnet. So vielperspektivisch wie dieses Gespräch geworden ist, so überfordert scheinen viele von dem diskursiven Abbild unserer Gesellschaft zu sein. Nicht nur, dass viele Intellektuelle unermüdlich den Krisenmodus beschreiben (den es gibt, aber nicht ausschließlich), auch politisch Verantwortliche beschränken sich häufig auf eine Sprache der Krise, sei es Bundeskanzler Olaf Scholz mit dem Begriff Zeitenwende oder Bundespräsident Frank-Walter Steinmeier, der die Bevölkerung kurz danach auf harte Zeiten einschwört.

Identität

Ich will über Wandel schreiben und muss dafür wissen, wer ich bin, wo ich stehe, wenn ich eine Veränderung suche – wobei sich das alles auch im Nachhinein erschließen lässt. Manchmal erschließt sich einem, wer man war, erst rückblickend, nachdem man jemand anderes geworden ist. Ich frage mich oft, ob ich, wenn ich mir hätte vorstellen können, was mich erwartet, mich je aufgemacht hätte, in diesem Land konkret etwas zu verändern. Natürlich sprechen viele von *Change* und *Change-Management*, die Beharrungskräfte der Strukturen sind jedoch stärker. Ich kannte Begriffe wie »Dicke Bretter bohren« oder »Das Schwarzbrot meiner Arbeit« und musste doch einsehen, dass es eine Schicht in der Umsetzung von Strukturen gibt, die man aufbrechen muss, meist unter hohem persönlichen Risiko und Einsatz. Man wird auch nicht, wie bei den Vorträgen, die man in ausgewählten Locations zum Thema macht, dafür gefeiert. In dem Moment, in dem die Mitarbeiter nicht für einen Fortbildungstag einen Impuls suchen, sondern der Impulsgeber im Arbeitsalltag als Störer in ihr Büro kommt, sieht das schon anders aus. Letztlich versteht man die Dimension des gesellschaftlichen Wandels erst, wenn man das Althergebrachte mit dem

Neuen konfrontiert und versucht, bei allem, was in diesen Momenten aufbricht, einen dritten Weg zu finden.

Es ist natürlich nicht so, dass nur die anderen zu lernen haben; der eigene sogenannte Idealismus wird der Wirklichkeit ausgesetzt, auch er muss sich brechen und schleifen lassen, nicht verschwinden, aber aus dem Idealen ins Reale finden. Es gab zahlreiche Momente, in denen ich hätte umdrehen und ihn begraben können, oder eben lernen, dass meine Ideale, oder nennen wir sie besser Werte, in die Zukunft gerettet werden müssen, dass ich an ihnen festhalten muss, aber nicht zwanghaft, weil ich sonst zu einem einzigen Wutkörper mutiere, der der Sache letztlich nicht mehr dienen kann. Sanfte Radikalität, dachte ich oft, nicht ablassen vom Ziel, aber auch nicht mit allen brechen, bis man nicht mehr zusammenarbeiten kann, solange die Menschen und Strukturen nicht so weit sind, die Schritte zu gehen.

Wer die Gesellschaft verändern möchte, zum Besseren hin, wählt im Moment oft Methoden, die sich jenseits der Strukturen befinden. *Fridays for Future* wollten die Schule schwänzen, auch ein Zeichen, dass man den Strukturen nicht mehr vertraut. Der lange Marsch durch die Institutionen ist für die jüngere Generation meist kein gangbarer Weg mehr. Natürlich liegt das auch an der Dringlichkeit der Probleme, die etwa der Klimawandel mit sich bringt, es liegt aber auch am fehlenden Glauben, in den Strukturen oder gar mit ihnen eine Bewegung auslösen zu können. Viele junge Menschen organisieren sich eben in der *Letzten Generation*, wählen radikale Protestformen, kleben sich auf die Straßen, bewerfen das Brandenburger Tor oder Kunstwerke mit Farbe. Natürlich nerven sie, doch sie arbeiten mit den Mitteln der Aufmerksamkeitsökonomie. Ich sympathisiere mit ihrer Verzweiflung, bei vielen von ihnen ist Radikalität der Schlüssel zur Performance, weil letztlich das Vertrauen in die demokratischen Wege erodiert ist. Die Kritik an der Radikalität junger Protestbewegungen müsste letztlich eine Selbstkritik der älteren Generationen werden: An welcher Stelle hat man die eigene demographische Überlegenheit missbraucht, um diesen geburtenschwächeren Jahrgängen zu suggerieren, dass ihre erneuernde Kraft chancenlos sein wird? Die Dominanz der Mehrheit zeigt sich in undifferenzierten Bilanzierungen wie: »In der Demokratie muss man Mehrheiten finden.« Die Jugend kann in der Bundesrepublik, wie sie gerade ist, angesichts der alternden Gesellschaft und der zahlenmäßigen Überlegenheit der Älteren, den Kampf um Mehrheiten nur schwer gewinnen.

Naturgemäß suchen sich Jüngere andere Wege, Parteien, so sagen viele von ihnen, seien kein Weg. Als ich etwa Lea Bonasera von der *Letzten Generation* auf der Frankfurter Buchmesse auf meiner SHEROES-Bühne zu Gast hatte, bestätigte sie, kein Vertrauen in die normalen Wege zu haben. Umso erfreulicher, dass sie und die *Letzte Generation* nur wenige Monate später ins EU-Parlament einziehen möchten, mit dem Kleben aufhören und sich doch den demokratischen Strukturen zuwenden. Auch dieser Weg ist für mich sanfte Radikalität. Sie müssen von ihren Zielen nicht ablassen, aber sie sollten nach Wegen suchen, die sie nicht ins Gefängnis bringen und anderen ermöglichen, sie als Staatsfeinde zu inszenieren, sondern das Vertrauen in die Strukturen und Organe der Demokratie wiedergewinnen. *Fridays for Future* hat fünf Jahre demonstriert und ungemein viel bewegt, gleichzeitig fehlen strukturelle Umsetzungen ihrer Ideen für den Wandel. Die *Letzte Generation* hat sich aufreiben lassen, bis selbst jene gegen sie aufgebracht waren, die eigentlich mit ihren Zielen sympathisierten.

Protest ist ein zentraler Bestandteil funktionierender Demokratien, auch ziviler Ungehorsam hat seinen unverzichtbaren Platz, auch die Mobilisierung von Massen ist wirkmächtig, gleichzeitig fehlt derzeit der Glaube, man könne aus den demokratischen Strukturen heraus den Wandel gestalten. Während politisierte Jugendliche über die letzten Jahre vor allem außerparlamentarische Opposition sein möchten, versuchen rechte und rechtsextreme Kräfte die Strukturen der Demokratie von innen zu unterwandern, sie von innen auszuhöhlen: der Marsch durch die Institutionen von rechts. Es braucht derzeit eine Strategie, gerade auch der Jugend den Glauben an ihre Wirkmacht innerhalb von Institutionen zurückzugeben, in das Wesen der Demokratie zu vertrauen und sich dort einzubringen. Natürlich ist Protest popkulturell anders verwertbar, natürlich sendet auch er Botschaften, doch geht es mit diesem Wechselspiel weiter. Progressive Proteste bleiben vor allem auf der Straße, so senden sie zwar Zeichen an eine Politik, diese wird jedoch im Innern immer handlungsunfähiger, weil rechte Kräfte den Weg ins Parlament suchen und von dort aus inzwischen auch Strukturen schaffen, Jugendliche in antidemokratische Bewegungen hineinzuziehen.

Es braucht Konzepte, den Jugendlichen ihren Idealismus nicht zu rauben und gleichzeitig den Wandel als etwas zu vermitteln, das nicht nur in Radikalopposition stattfinden kann. Man trifft sich mit Vertretern von *Fridays for Future* zum Gespräch, macht Bilder am Sitzungstisch und schüttelt Hände, statt sie stärker in die Beratungsgremien einzubinden und die Wissenschaftler, auf deren Forschungslage der Protest der Jungen beruht, ernster zu nehmen. Paradoxerweise wird so der Versuch, durch Aktivismus von der Krisenerzählung in die Lösungserzählung zu kommen, zu einem Teil der Hyperpolitik, die sie kritisiert. Als Hyperpolitik beschreibt der Soziologe Anton Jäger das Phänomen, dem zufolge sich Menschen selbst dann nicht mehr in Strukturen einbringen, wenn sie politisiert sind. Demonstrationen sind ein wirkmächtiges Instrument der Zivilgesellschaft, gleichzeitig bedarf es auch hier der Übersetzung in die demokratischen Strukturen hinein. Die Mitglieder der *Letzten Generation* waren zweifelsohne stark politisiert, doch trug die Art ihres Protests letztlich eher zum Hyperventilieren bei als zur Lösung der Probleme. Sollten sie ins Europäische Parlament einziehen, würden sie hingegen dazu beitragen, die Gegenwart mit demokratischen Mitteln zu organisieren.

Neben der Politik als solcher bleiben natürlich noch andere Möglichkeiten, eine demokratische Gesellschaft von innen zu erneuern, die natürlich alle mit der politischen Sphäre verwoben sind: Vereine, Stiftungen, gemeinnützige Unternehmen und staatliche Einrichtungen zum Beispiel. In meinem Fall war es eine Kommune. Nirgends ist Top-Down und Bottom-Up so nah beieinander wie in einer Kommune. Einerseits gehört man zu einer Behörde, einer staatlichen Einrichtung, die Programme der Ministerien, die Städtetage, all das schlägt in den Kommunen auf, verlässt die Ebene des trockenen Ministerialsprechs und muss direkt vermittelt werden. Nicht umsonst trug eines der letzten Bücher des politisch einflussreichen US-Intellektuellen Benjamin Barber, das 2013 erschien, den Titel: »If Mayors Ruled the World«. Er argumentierte dafür, die Dysfunktionalität der Nationen durch aufstrebende Städte zu beheben und den Städten mehr Selbstorganisation zuzugestehen. Es gab mehrere Krisen in den letzten Jahren, die dies anschaulich machen: Wenn beispielsweise die Europäische Union beim Ringen um die Aufnahmen von Menschen in Not keinen Konsens findet, könnten Städte, die sich in der Lage sehen, Menschen aufzunehmen, dies auf kommunaler Ebene erreichen. Auch als 2015 Teile Deutschlands schon an dem Punkt waren, zu behaupten, sie schaffen das nicht mehr, meldeten sich andere Städte und betonten, sie hätten noch Kapazitäten. Städte, so Barber, seien nah an den Bürgerinnen und ihren Bedürfnissen, während Nationen in ihrem Ringen um Souveränität und in ideologischen Kämpfen gefangen sind und sich für transnationale Probleme oft auf keine Lösungen einigen können.

Ich sah das ähnlich wie Barber, und kurz bevor er sein Buch veröffentlichte, war ich nach mehreren Projekten an den Punkt gekommen, nicht nur hier und dort ein einzelnes Projekt umzusetzen, ein Feigenblatt zu sein, das für Öffnungsprozesse steht. Ich spürte den Wunsch, eine Kommune zu verändern, einen spürbaren Ort zu schaffen, ein Projekt in einer Stadt umzusetzen, das beispielgebend werden könnte für Deutschland als Einwanderungsland. Natürlich kann man immer aufs Neue interkulturelle Projekte anstoßen, doch ich dachte: Ließe sich nicht etwas Grundsätzlicheres realisieren, bei dem man nicht als Mittelempfänger immer in der Bittstellerrolle bleibt, sondern neue Strukturen schafft? Irgendwann hatte jemand Bibliotheken in städtischer Hand erfunden und Stadttheater, warum also sollte es keine neuen Strukturen für die Einwanderungsgesellschaft geben, auf dem Weg zu ihrer Normalisierung?

Ich hatte Vorträge gehalten, an Schulen gearbeitet, Theater gemacht, war als Künstlerin in problematische Stadtteile gegangen, alles wertvolle Vorhaben, doch ich träumte davon, ein Projekt zu begleiten, das nicht nur ein Haus der Kulturen würde, das wie viele Zuwendungen von der Kommune erhielte, sondern eines, das sich in die kommunalen Strukturen einfügen ließ, das die Stadtverwaltung verändern würde, statt die Aufgabe zu delegieren an Vereine oder Gruppen. Was, wenn Kommunen nicht mehr so arbeiten, dass sie einzelnen Gruppen und Vereinen Mittel überweisen und sie machen lassen, sondern die Aufgabe, eine diverse Stadtgesellschaft gemeinsam zu gestalten, zu ihrer eigenen Aufgabe machen? Wäre das nicht angebracht, die Diversität, die man im Außen vermutete, im Innen zu entdecken und zu integrieren? Ich wünschte mir, die Chance nutzen können, die es damals, im Jahr 2012, in Heidelberg gab: Zwanzig Jahre hatten Minderheiten ein Haus gefordert, in dem Interkulturalität im Mittelpunkt stand, in dem sie als Teil der Zivilgesellschaft einen Ort finden könnten. Zwei Jahrzehnte wurde diese politische Forderung nicht erfüllt, obwohl der Ausländer- und Migrationsrat in Heidelberg starke Vorsitzende hatte, einer davon Mehmet Kilic, der später auch MdB wurde. Ein solches Haus war von der Politik lange nicht gewünscht, und schließlich, im Jahr 2012, kam es doch zu einem historischen Beschluss, dass man das Ganze in kleinen Schritten versuchen wollte.

Ich wünschte mir, Teil dieses Experiments zu sein, weil ich zuvor etwa rund um das Bundesamt für Migration und Flüchtlinge – aus heutiger Sicht kaum mehr vorstellbar – wahrgenommen hatte, wie sehr die Mitwirkung meiner Generation Einwandererkinder plötzlich gewünscht und ja, gebraucht wurde. Es war eine starke Phase Deutschlands als Einwanderungsland, als das Bundesamt für Migration und Flüchtlinge selbst hart und Hand in Hand mit zivilgesellschaftlichen Strukturen für das Einwanderungsland arbeitete, das wir längst sind. Damals wurde Top-Down der Begriff »Willkommens- und Anerkennungskultur« geprägt und auch in der Breite der Engagierten verlacht, weil man Migranten willkommen heißen wollte, die doch längst da waren, um Fach- und Führungskräfte zu gewinnen. Man einigte sich auf den Begriff Anerkennungskultur, um die alteingesessenen Einwanderer in ihren Leistungen endlich anzuerkennen. Viele junge Akademikerinnen und Akademiker aus eingewanderten Familien wurden eingeladen in die Ministerien, wir sollten Reden halten, Ideen liefern, Aufarbeitung leisten. Ich denke im Nachhinein, wir fühlten uns geschmeichelt, endlich gemeint zu sein, endlich angesprochen zu werden von einer Politik, die mit unseren Eltern nie geredet hatte, immer nur über sie. Wir dachten vielleicht sogar, wir sollen die Zukunft rocken.

Viele von uns hielten die Einbeziehung für Emanzipation, die wir uns selbst erarbeitet hatten, das Fenster schloss sich jedoch 2015 schnell wieder, als die Willkommenskultur plötzlich von Top-Down zu Bottom-Up wanderte und die Bürgerinnen und Bürger an den Bahnhöfen meinten, wenn sie für die angekommenen Geflüchteten klatschen, so sei das Willkommenskultur. Von 2012 bis 2015 gab es ein kleines Fenster in der deutschen Geschichte, in der Einwanderung kurz ein Hoffnungsthema war. Selbst im Oktober 2015, als die ersten Bilder von den Menschen, die nach Deutschland wollten, in den Medien gezeigt wurden, sagte der damalige Bundesinnenminister Thomas de Maizière bei der Feier des zehnjährigen Jubiläums der Zuwanderungsgesetze im Bundesamt für Migration und Flüchtlinge: Wir dürfen über dem Thema Flucht nicht die klassischen Themen der Einwanderung und Integration vergessen. Über zwanzig Millionen Menschen mit Einwanderungsgeschichte leben hier, betonte er. Allein der Begriff »Zuwanderungsgesetze« erzählte von der tiefen Selbstlüge dieses Landes, da er ein politischer Kompromiss war, nur um nicht »Einwanderungsgesetze« zu sagen, denn Deutschland sei ja kein Einwanderungsland, das wusste man seit Helmut Kohl, daran wollte man nicht rütteln, um die eigenen Wähler nicht zu verunsichern.

In diesem kurzen Leuchtmoment ging ich also an die Arbeit und wollte die Kommune verändern, die ich am besten kannte und die ich für sehr geeignet hielt, weil sie in ihrer Zusammensetzung eine atypische deutsche Stadt war, eher Toronto ähnelte und somit aus meiner Sicht Raum für laborähnliche Projekte bot. Natürlich ging ich das Ganze mit dem typischen Idealismus an, den Menschen, die an emanzipatorische Bewegungen glauben, mitbringen. Natürlich hatte ich mich jahrelang zuvor mit Identitätsfragen befasst, war in den USA gewesen, hatte dort gelernt und verstanden, wie Minderheiten ihre Bürgerrechtsbewegungen zu erfolgreichen politischen Erzählungen haben werden lassen, so erfolgreich, dass viele in Deutschland bis heute denken, man könne sie einfach hierher übersetzen. Ich verstand erst dort, was es emotional bedeutet, eine Minderheit zu sein, weil es dort Begriffe dafür gab, Worte, ja, auch Kunst. Die Einwanderung und die mit ihr einhergehenden Veränderungen und Erfahrungen waren Teil der großen Erzählung dort, ich bemerkte erstmals, wie vieles hier fehlte, wie unmöglich es ist, über Unrecht zu sprechen, für das man keine Begriffe hat und für das es keine gemeinsame Öffentlichkeit gibt.

In Deutschland war damals das Reden über Einwanderung gerade mal dem tumben Sprechen über »Ausländer« entwachsen und hatte den Eingewanderten den markigen Titel »Menschen mit Migrationsgeschichte« eingetragen, was zugleich zeigte, wie nah man sich diesen Menschen fühlte, wenn man sie nur mit der statistischen Kneifzange anfasste. Wieder sollte die Identität von außen bestimmt werden, die eingewanderten Kinder sollten in Studien nicht einfach verschwinden, sie sollten ausgemacht werden, damit man noch mehr Köpfe über sie beugen konnte. Statt einfach Kindern zu helfen, die Probleme hatten, sollte deutlich werden, dass es die Kinder der anderen waren.

Nirgends vollzieht sich das *Othering* so vermeintlich sachlich wie in Statistiken und Behörden. Vielleicht wollte ich deshalb genau in diese Behörden, um aus dem Innen heraus den Wandel zu provozieren. Ich hatte es leicht in jenem Moment, Politiker hatten die zweite und dritte Generation Einwandererkinder entdeckt und sie spielten so lange mit uns, wie sie es für notwendig hielten. Als 2015 nur wenige Monate nach Merkels »Wir schaffen das!« sich die Stimmung im Land veränderte, veränderte auch das Bundesamt für Migration und Flüchtlinge seine Strategie. Die Mitarbeiter, die damals eingeladen hatten, verschwanden in anderen Sektionen, der Gipfel war das Verschwinden von Jutta Cordt aus dem Bundesamt für Migration und Flüchtlinge, weil unter ihr angeblich zu viele Geflüchtete eine Aufenthaltserlaubnis erhalten hatten – ein medialer Aufschrei, der Vorwurf ließ sich jedoch vor Gericht nicht bestätigen. Jutta Cordt war weg, die Hoffnungen zerschlagen und das Bundesamt für Migration und Flüchtlinge lud auf diese Art nicht mehr ein, um über Gesellschaft nachzudenken, um mit Einwandererkindern über Begriffe für die Einwanderungsgesellschaft zu diskutieren, sie mussten schließlich Zentren bauen.

Ich wollte von der Hoffnung, die 2012 in mir ausgelöst hatte, jedoch nicht ablassen. Ich suchte einen Weg, wie ich diese Sternstunde der Offenheit gegenüber Themen der Einwanderung weiter nutzen könnte, um eben nicht nur das Bewusstsein zu verändern, sondern vor allem auch Strukturen zu schaffen, die über diese Zeit hinaus Bestand haben würden, auch wenn sich der Wind dauerhaft wieder drehen sollte. Wie schnell das geschehen konnte, hatte ich in diesen wenigen Jahren gesehen.

Als ich 2012 für die Stadt Heidelberg die Konzeption des Interkulturellen Zentrums übernahm, später auch des International Welcome Centers, das erstmals eine Kultureinrichtung mit der Ausländerbehörde zusammendenken sollte, stand ich inmitten des medialen Schlachtfelds rund um das Thema »Identität«. Es deutete sich zwar an, welche Probleme das Reden über Identität in Deutschland mit sich bringen würde, doch dass sie zum Mittelpunkt des Kampfes progressiver und reaktionärer Kräfte werden würde, war noch nicht ganz abzusehen.

Während der Jahre, die ich in der Kommune zu konzipieren begann und verstehen wollte, wie Konzepte über die Einwanderungsgesellschaft sich in die Praxis umsetzen ließen, dynamisierte sich der sogenannte Kampf der Kulturen. Lange hatte ich diese Idee Huntingtons abgelehnt, war überzeugt, die bedeutenderen Trennlinien und Kampfzonen würden jene sein, in denen es um Verteilungsfragen ging, doch die Frage nach Identität löste in Sachen Aufmerksamkeitsökonomie die nach Klasse ab. Auch wenn beides zusammengedacht werden kann und viele Aktivisten überzeugt sind, das zu tun, ist es leider nicht gelungen, die Fragen nach der Identität breiter zu diskutieren und in einer kritischen Menge der Bevölkerung den Eindruck zu erwecken, dass jene, die sich für Identität interessierten, sich auch um die sozialen Fragen bemühten. Sahra Wagenknecht polemisierte in diesem Bereich und fand Zuspruch, leider auch, weil Aktivisten die Flanke offen ließen: So kam es, dass zur gleichen Zeit, in der medial diskutiert wurde, wie man diskriminierungsfrei ein Schnitzel bezeichnen dürfe, massenweise Sinti und Roma aus Deutschland abgeschoben wurden, was leider weder per Hashtag noch in Talkshows in der Breite zum Thema gemacht wurde.

Ich hatte mich entschieden, ein Projekt umzusetzen, in dem es interkulturelle Begegnungen geben sollte und insbesondere transkulturelle Momente geschaffen werden sollten: die Kommune als Ort der Gegenwart, in dem jenseits von Nostalgie und Assimilationsanforderungen ein Raum geschaffen wird, der neue Erfahrungen für alle Beteiligten ermöglicht, mit denen sie eine lokale Identität finden können.

Die Schriftstellerin Taiye Selasi hielt in jener Zeit einen viel beachteten *TED-Talk*, in dem sie unser Verständnis von Zugehörigkeit hinterfragen wollte: »Don't ask me where I'm from, ask me where I'm local.« »Frage nicht, wo ich herkomme, frage, wo ich mich wie eine

Einheimische fühle.« Die Frage nach Zugehörigkeit anders zu stellen ermöglichte mir, auch Identität neu zu denken. Identität wurde eben nicht nur das, was ich war, auch nicht das, wie ich mich davon ablöste, sondern die Kapazität, mich mit anderen in der Gegenwart so einzurichten, dass ich einheimisch wurde. Meine Arbeit sollte Räume für diese Gegenwart schaffen. Ich hatte in diesen letzten zehn Jahren das Privileg, die Debatten über Identität nicht nur zu verfolgen, sie mit meinen Kolumnen, Büchern und Vorträgen mitzuprägen, öffentlich in Podcasts und Talkshows zu diskutieren, sondern auch gleichzeitig die politischen Prozesse, die aus diesen Debatten resultieren können, in ihren Konsequenzen in der Praxis zu erleben. Diese Art demokratischer Diskurs wird von manchen, die ihn lieber nicht führen möchten, plötzlich als Elfenbeinturm verschrien, dieser Diskurs hat jedoch bis in die kommunale Ebene hinein Einfluss auf die politische Praxis, die Akzeptanz von Konzepten und Projekten, die Förderung von Aktivitäten der Zivilgesellschaft. Selbst die Forderungen, die auf kommunaler Ebene Aussicht haben, gehört zu werden, erfahren durch die bundesweiten Debatten eine Aufwertung oder sie werden als marginal abgetan, das heißt: Je klarer in der Öffentlichkeit die Bedeutung von partizipativen Anliegen kommuniziert und diskutiert wird, desto wahrscheinlicher erfahren Gruppen vor Ort und ihre Anliegen Aufmerksamkeit.

Das zeigt auch, weshalb manche Diskursschleifen tatsächlich abgehoben wirken können, manche Akteure den Anschein erwecken, ihre Anliegen wären reiner

Selbstzweck, um sich selbst zu profilieren, statt die Verzahnung von Ideen und Wirklichkeit zu fördern. Einerseits beansprucht man die Minderheitenposition für sich, andererseits ist man nicht bereit, die Folgen der eigenen Argumentationen zu bedenken. Wenn ich einerseits behaupte, mich für die Anliegen von Minderheiten einzusetzen, andererseits aber vorwiegend Positionen vertrete, die Menschen unterschiedlicher Lebensrealitäten gegeneinander ausspielen, riskiert man letztlich in der Praxis die Stagnation, obwohl man medial tut, als wäre man progressiv. Natürlich kann ich die Mehrheitsgesellschaft beschimpfen, man kann sie liebevoll oder weniger liebevoll »Kartoffel« nennen und trotzdem erwarten, dass sie eine Verbündete wird, sich für die eigene Provokationslust abfeiern. Es gab eine Phase, da wollte man der eigenen Erniedrigung oft durch Spott über jene begegnen, die von der Vielfalt des Landes wenig wissen wollen. Es mag ein menschlich nachvollziehbares Bedürfnis nach Vergeltung sein, jedoch sitzen in den meisten Gremien dieses Landes noch kaum Minderheiten. Auf kommunaler Ebene etwa werden sich ehrenamtliche Stadträte kaum für Projekte entscheiden, die diesem Angriffston mehr Macht und Raum bieten. Demokratischer Wandel ist ein Aushandlungsprozess, und es scheint, manche gefielen sich in der Pose des Angreifers eine Zeit lang besser als in der Rolle des abgedroschenen Brückenbauers. Sich für den progressiven Wandel mit Extrempositionen einzusetzen, wurde schließlich auch zum dankbaren Sprungbrett für jene, die einen Backlash wünschten.

Für Wandel zu kämpfen, das bedeutet auch, für die eigenen Haltungen Verantwortung zu übernehmen. Es mag popkulturell gut ankommen, das Genre der Publikumsbeschimpfung auf die Demokratie auszuweiten, die eigene Performance wird in der eigenen Blase beklatscht, man hat sich auf eine Identität geeinigt: die der wütenden Minderheiten im Kampf um ihre Rechte. Was intellektuell auf den ersten Blick gut argumentiert werden kann, verursacht im demokratischen Ringen um Lösungen jedoch Probleme, in dem Moment, in dem die eigene Position teleologisch wird, das heißt: Wir wissen, wir haben recht, und wenn wir andere nur lange genug schulen, werden sie auf unseren Standpunkt kommen. Diese letztlich antiaufklärerische Praxis bringt viele Kollateralschäden mit sich. Einer davon ist die Überidentifikation der Aktivisten mit einem Teil ihrer selbst und somit die Reduktion ihrer eigenen Menschlichkeit auf eine Erfahrung. Das Denken in Abgrenzungen verstärkt sich: Ich definiere mich als politischer Akteur vor allem durch das, was du nicht sein kannst, vermeintlich auch deshalb nicht verstehen kannst. So hat sich das im Reden über Identität verselbständigt, doch dazu später.

Das Reden über Minderheiten wurde so, nicht zuletzt durch die Art, wie Aktivisten argumentierten, ein Reden über Identität: Man markierte die Menschen nach Geburt, die Ethnie ordnete sie einer Gruppe zu, die Hautfarbe einer anderen. Die praktische Umsetzung dieses Denkens zeigte sich im Bedürfnis nach *Safe Spaces*. Statt sich einfach zu treffen, mussten diese geschlossenen Formate öffentlich kommuniziert werden, weil sie die politische Botschaft der Abgrenzung enthielten. Es reicht nicht, mit einer Agenda und gemeinsam an die Öffentlichkeit zu treten, man musste das Nichtöffentliche als öffentlichen Akt kommunizieren. Teile davon stammen aus den Menschenrechtsbewegungen der schwarzen Minderheiten in den USA, sie wurden aber in Deutschland zum vorwiegenden antirassistischen Diskurs, obgleich dieser in Deutschland auch andere Themen mitführen muss. So passierte es, dass mancherorts der Opfer in Hanau gedacht wurde, von denen die meisten keine Schwarzen waren, bei den Veranstaltungen zum Gedenken an Hanau in manchen Städten aber zahlreiche *Safe Spaces* angeboten wurden für Menschen schwarzer Haut, das heißt, nicht einmal die Hinterbliebenen der Opfer in Hanau wären dort erwünscht gewesen, obwohl der Anlass des Gedenkens deren ermordete Kinder waren. Auf einem Podium mit der Mutter des getöteten Ferhat Unvar, Serpil Temiz Unvar, erzählte sie mir einmal, dass es für sie durch diese US-amerikanischen Übertragungen schwierig sei. Sie blieb dabei sehr diskret, wollte niemanden verletzen, gleichzeitig war die Verletzung darüber spürbar.

Die Mehrheit der Aktivisten empört sich über den Begriff »Identitätspolitik«, sie sehen darin eine Diffamierung von rechts, den Versuch, ihre legitimen demokratischen Anliegen zu attackieren und sie gegen Verteilungsfragen auszuspielen. Es gäbe keine Identitätspolitik, entgegnen sie dann, sie sei eine Erfindung von Rechtsaußen, entstehe erst durch die Attacken, die einen in eine Identität zwängen.

Die Attacken von Rechtsaußen sind real. Nicht nur in Deutschland, auch in anderen Ländern wie etwa Ungarn, Italien und den USA versuchen rechte Kräfte, mit ihrem Kampf gegen »Identitätskrieger« demokratische Fortschritte rückabzuwickeln. Natürlich sind ihre reaktionären Ambitionen, für die der Kampf gegen Identitätspolitik nur ein Mittel zum Zweck ist, schnell durchschaubar, doch es bleibt die Frage: Warum funktioniert dieser Hebel so gut? Gibt es etwas, das die emanzipatorischen Bewegungen, die sich für mehr Gleichheit einsetzen, in den letzten zehn Jahren falsch gemacht haben? Ich konnte diese Entwicklung einerseits diskursiv beobachten, doch auch in Heidelberg beim Aufbau des Interkulturellen Zentrums und bei dessen Etablierung zeigten sich all die Hürden, die jene, die sich für mehr Diversität einsetzen, zu überwinden haben. Ich beobachtete auf zwei Ebenen, weshalb es nicht gelingen kann, nur auf die eigene Identität und die eigenen Marginalisierungen zu pochen, wenn ich etwas gemeinsam aufbauen will. Ich lernte, dass ich, um ein Haus wie dieses für die gesamte Stadtgesellschaft zum identitätsstiftenden Ort zu machen, statt zu einem Ort, an dem Minderheiten die Mehrheit über ihre Diskriminierungen aufklären – was sie auf gewisse Weise auch anderer Aspekte ihrer Identität beraubt – ich beim Aufbau über diese Art des Identitätsdenkens hinauswachsen musste.

Manchmal war es schmerzhaft zu sehen, wie Menschen, mit denen ich 2010 angefangen hatte, über Gerechtigkeit und gesellschaftlichen Wandel nachzudenken, sich in wenigen Jahren radikalisiert hatten, sowohl was ihre Methoden und Ansprüche betraf als auch ihre Selbstwahrnehmung: Je mehr sie für Minderheitenrechte kämpften, umso mehr bestätigten sie sich in ihrer Minderheiten-Identität und machten aus dem fluiden Ich, das jeder Mensch ist und das in viele soziale Rollen täglich zu schlüpfen hat, ein sich verhärtendes Ich, das vor allem nur eine Erzählung von sich hat.

Eine der Gefahren, die der Kampf um Teilhabe in einer demokratischen Gesellschaft mit sich bringt, betrifft den Kämpfenden selbst: Er läuft Gefahr, sich selbst auf das zu reduzieren, was andere in ihm sehen und was letztlich die Ausgrenzungserfahrung verursacht hat: eine Minderheit. Wer seine Identität vor allem und mit zunehmender Ausschließlichkeit aus seiner Minderheitenerfahrung erzählt, blendet andere Teile seiner Lebensgeschichte aus, die Lebenswelten etwa, in denen man es nicht war, entsprechend steigert sich die Wut, entsprechend mehr verinnerlicht man das *Othering* der Mehrheitsgesellschaft und wünscht sich paradoxerweise zu erlösen, indem man der Antipode dieser Gesellschaft sein will. Bücher mit dem Titel »Eure Heimat ist unser Alptraum« zeigen diese negative Identität: Wenn mein Ich nur das ist, was du nicht bist, bin ich dann schon Ich oder werde ich letztlich immer noch durch die Zuschreibungen der Mehrheitsgesellschaft definiert? Während viele Menschenrechtsaktivisten der Mehrheitsgesellschaft vorwerfen, zu starr am alten Ich dieser Gesellschaft festzuhalten, steigern sie sich im Kampf gegen den Status Quo immer mehr in die Minderheitenerfahrung ihrer Identität hinein und halten mindestens so starr am Status Quo fest, weil er ihre Marginalisierungserfahrung erklärt und ihren Kampf legitimiert. Für viele ist dieses *reverse Othering* ein blinder Fleck ihres Kampfes, weil sie sich als Progressive lesen, dabei sind sie Teil der Verhärtung, sind auch ein Grund dafür, weshalb es gesellschaftlich schwieriger wird, unterschiedliche Milieus und Perspektiven zusammenzubekommen.

Der Nobelpreisträger Amartya Sen schrieb schon 2006 ein Schlüsselwerk, in dem er die Identitätsverhärtungen als zerstörerischen Faktor unserer Zeit beschrieb, bis hin zu fanatischen Radikalisierungen. Die radikalen Extremisten sind hier nicht mein Thema, ich schreibe über die sogenannte Mitte, nicht die Ränder, und weshalb es selbst in der Mitte schwieriger geworden ist, ein Gespräch jenseits des Lagerdenkens zu führen. Das Ich, die Identität, ist ein fluides Geschöpf: Morgens am Frühstückstisch mit den Kindern ist man ein Elternteil, bei der Arbeit ist man Kollegin, beim Schreiben eines Textes vielleicht Publizistin, wenn man in den Nachrichten liest, dass Homosexuelle bestraft werden, ist man eine Weltbürgerin, die sich für Menschenrechte interessiert, im nächsten Schritt gar einsetzt, bei einem Konzert von Depeche Mode zum Beispiel hingegen wird man zu einer nostalgischen Konzertbesucherin. Amartya Sen bemühte sich schon vor bald zwanzig Jahren, uns die Möglichkeit der Vielfaltsidentität nahezulegen, ein Bewusstsein darüber, dass verschiedene Gruppen uns Zugehörigkeitsangebote machen, die einer annehmen oder ablehnen kann, die in der Summe jedoch dafür sorgen, dass unser Ich keine rigide Konstruktion ist, sondern eine fluide. Jedes kollektive »Wir« ist ein kurzzeitiges Angebot, das Ich für einen Moment in einem möglichen Wir aufzulösen, uns vielleicht von einem anderen Ich, das uns belastet, zu erlösen oder zumindest zu erleichtern. Es gibt Kollektive, die uns mehr und langfristiger prägen als andere, Menschen entscheiden nach ihren persönlichen ethischen Vorstellungen, welchen Kollektiven sie welchen Wert beimessen für ihr grundlegendes Identitätsgefühl. In diesen Entscheidungen steckt ein hohes Potenzial an Freiheit, aber auch die Gefahr, sich unfreier zu machen, als die aufgeklärte Gesellschaft es anbietet, weil man sich einem Kollektiv ausschließlich oder maßgeblich verschreibt und die Welt zunehmend nur aus dieser Perspektive wahrnimmt. Die menschliche Grunderfahrung tritt in solchen Fällen zurück zugunsten einer gefühlten Gruppenzugehörigkeit, die sicher auch berechtigte Sorgen hat, in einer zu verallgemeinernden Erzählung unterzugehen. Aus Angst, in einer existenziellen Erfahrung übersehen zu werden, identifizieren sich immer mehr Menschen mit jenen Aspekten ihrer Identität, die sie marginalisieren. Diese Marginalisierungsidentität macht es schließlich schwieriger, in den anderen mehr zu sehen als jene, die einen marginalisiert haben. Andere Erfahrungssphären, die im demokratischen Zusammenleben durchaus Schnittmengen haben, werden zugunsten der Differenzierung ausgeblendet. Ich differenziere mich aus, also bin ich, will heißen: Die Konstruktion des Ich wird zunehmend zum Abgrenzungsspiel, obwohl viele Aktivisten das *Othering* anklagen, betreiben sie es selbst, stecken sich selbst in Schubladen und damit auch »die Anderen«.

Dabei findet sich jeder von uns tagtäglich in verschiedenen Rollen und Konstellationen wieder; nur, wenn wir uns von einer rigide definierten Ich-Zuschreibung befreien, können wir unserem Gegenüber mit einer Neugier begegnen, die gemeinsame Interessen und Bedürfnisse entdecken könnte. Eine zu starre Vorstellung von Identität hingegen stärkt das Denken in Freund-Feind-Schemata. Es ist der nicht aufzulösende Widerspruch all jener, die insbesondere auch in den letzten zehn Jahren für Diversität gekämpft haben, dass sie Vielfalt in sich und die vielfältigen und widersprüchlichen Ichs, die in jedem Menschen zu finden sind, sowohl in sich als auch in anderen oft zugunsten von vereinfachenden Machtinterpretationen und Identitätszuschreibungen aufgegeben haben und das Marginalisierte zum Mittel- und Ausgangspunkt ihrer Interpretation der meisten Umstände erklärt haben. Das Ich, das sich ursprünglich befreien wollte, steckte sich selbst ins Gefängnis einer eingegrenzten fixen Ich-Kategorie. In diesem ist für viele nicht einmal mehr spürbar, dass sie sich in einer Identität selbst gefangen halten, und so verstehen sie auch die Zuschreibung »Identitätspolitik« nicht mehr.

Streit

Dieses Kapitel ist das schwierigste Kapitel, weil ich versuchen möchte, über ein Phänomen zu schreiben, das in den letzten Jahren zunehmend unter dem Begriff »Identitätspolitik« diskutiert wurde. Eine Diskussion, in der zugespitzt, verzerrt und von unterschiedlichen Seiten wichtige gesellschaftliche Themen instrumentalisiert wurden, um eigene Ziele durchzusetzen. Trotz allem möchte ich über dieses Thema schreiben, ohne die Hoffnung zu verlieren, ohne schematisch in Freund-Feind-Lager zu unterteilen, wie ich es zu Beginn dieses Buches versprochen habe.

Bereits der Begriff »Identitätspolitik« zeigt, wie politisch besetzt und zugleich ausgehöhlt das öffentliche Reden über Identität geworden ist: Wann bezeichnet man das Reden über Identität als sogenannte Identitätspolitik, und wann ist es schlicht ein Gespräch über sozio-ökonomische Milieus und deren Lebensrealitäten? Wer hat eine Identität, die ständig zum Thema gemacht wird, und wem ist es möglich, einfach zu sein, ohne entsprechende Kategorien? Als damals die Pegidisten marschierten und ihre Wut zum Ausdruck brachten, wurde das von nur wenigen Lagern als Identitätspolitik beschrieben. Wenn hingegen Minderheiten ihre Wut über Missstände mit Protesten auf die Straße brachten, bezeichneten viele das schnell als Identitätspolitik. Während bei den Ersteren so argumentiert wurde, dass man ihnen zuhören müsse, wenn man das Land nicht spalten wolle, argumentierte man bei ethnischen oder sexuellen Minderheiten oft so, dass man ihnen nicht zuhören sollte, wenn man das Land nicht spalten wolle, sie sorgten dafür, dass Einzelinteressen vor dem Gemeinwohl stünden. Dabei ist Demokratie an sich auch ein Prozess, in dem Einzelinteressen ausgehandelt werden, weshalb sind die einen ernstzunehmen und andere eher eine ernstzunehmende Gefahr für die Demokratie? Warum scheint es bei den einen gefährlich zu sein, auf diese zu hören, während bei den anderen empfohlen wird, hinzuhören? Die naheliegende Antwort in diesem Fall ist die Macht der Konstruktion von »Normalität«: Die Mehrheitsgesellschaft wurde über Jahrzehnte als die Norm definiert, der Einwanderer galt als eine Abweichung dieser Norm. Doch in dieser Einwanderungsgesellschaft gibt es inzwischen Schulklassen, in denen Einwanderungsgeschichten die Norm sind, und doch thematisiert man sie als Abweichung, weil viele die Normalisierung der Diversität fürchten und sie vor allem diskursiv nur schwer zulassen können. Das Sprechen über Identität ist so leider zu einer Art Kulturkampf geworden, als Identitätspolitik beschreibt man oft jene Perspektiven, die eben nicht im traditionellen deutschen politischen Diskurs verankert sind, während man bei den anderen so agiert, als sei es das Selbstverständliche, das, was Deutschland seit jeher ausgezeichnet hat. Die Debatte verkommt seit einigen Jahren zu einem tragischen Boomerang: Es werden Minderheitenrechte artikuliert, Interessensgruppen formieren sich, die als Identitätskrieger beschrieben werden, und die Ultrakonservativen nutzen die Furcht vor dem Wandel, um den Backlash zu mobilisieren.

Das zeigte sich nicht zuletzt in den USA, als es der Frauenbewegung mit MeToo gelang, das Sexualstrafrecht zu revolutionieren. Kurz darauf folgte in vielen Bundesstaaten der Siegeszug von Politikern, die sichergeglaubte Frauenrechte einschränkten. In dieser Dialektik bewegen sich derzeit die Diskurse und mit ihnen politische Mehrheiten. Manche beschreiben dies gern als Spaltung, was für die USA angesichts des Zweiparteiensystems noch nachvollziehbar ist, doch Spaltung wäre statischer als die diskursiven Bewegungen, die viele demokratische Gesellschaften die letzten Jahre praktizieren. Der Autor Yascha Mounk etwa feiert große Erfolge mit Büchern, in denen er vor den Gefahren durch Identitätspolitik warnt, nun muss er sich in den USA wegen Vergewaltigungsvorwürfen vor Gericht rechtfertigen und seine Partner, wie etwa das renommierte Magazin *The Atlantic*, haben ihm die Zusammenarbeit aufgekündigt, in Deutschland setzte das renommierte Wochenmagazin *Die Zeit* seine Mitarbeit im Herausgeberteam vorübergehend aus. So ein Vorfall wird in diesen Zeiten zum Schauplatz ebendieser Kämpfe, für die einen wird Mounk zum Opfer stilisiert, für die anderen zum Täter abgestempelt, noch bevor das Urteil fällt. Es ist ein Ringen um Deutungshoheit, sicher, aber ist dieser Kulturkampf nun ein Hirngespinst der Rechtskonservativen oder gar der rechtsextremen Milieus?

Bevor ich das vertiefe, möchte ich noch einmal an das Kapitel **Sehen** erinnern. Das **Sehen** spielt eine zentrale Rolle in diesen Diskussionen: Aus welcher Perspektive betrachtet jemand Phänomene, die mit Identitätsfragen zu tun haben, welchen Quellen verdankt er seine Informationen und welche biographischen Erfahrungen prägen den Blick eines Betrachters?

Für mich waren das zentrale Fragen meiner Arbeit, weil ich, zunächst ohne es zu wollen, intellektuell mit der Identitätsfrage konfrontiert wurde, weil mein Schreiben, sobald es Elemente aus dem Herkunftsland meiner Eltern enthielt, zur »anderen Literatur« wurde. Oder einer Literatur mit »dem anderen Blick«. Manche Kritiker waren sogar empört darüber, wenn mein Schreiben nicht »anders« genug war, sondern klang, als stamme ich von hier, schließlich hatte ich ja einen anderen Hintergrund, man erwartete Exotisierung und ich sollte diese Erwartung bitte auch erfüllen, man wollte ja zeigen, wie begeistert und offen der Kulturbetrieb für die Bereicherung durch andere Kulturen war. Mir wurde schnell klar, wer in diesem Land kreativ arbeitet und das mit einer hybriden Identität, die er nicht einmal zum Thema macht, die er aber repräsentiert, wird immer auch über Identität reden müssen. Selbst wenn er es nicht will, wird er das nicht selbstverständlich auslassen können, es wird als Verweigerung des Redens über die eigene Identität gelesen werden. Das heißt, wenn ich über Mutter-Tochter-Konflikte schrieb, so behaupteten zwar viele, das sei ein universeller menschlicher Konflikt, letztlich wollte man daraus aber eine Einwanderergeschichte stricken aus Milieus, die man irgendwie zu »den anderen« erklärt hatte.

Mir war dieser Blick nicht bewusst, bis ich nicht einen Roman schrieb, in dem so gut wie keine soziologischen Markierungen der Figuren auftauchten, »Die Namenlose«, und es manchen dennoch gelang, diesen Roman auf der Folie meiner Herkunft zu lesen. Erst an einer kanadischen Universität hörte ich endlich diesen Satz: »Sie schreiben über eine grundlegende menschliche Erfahrung: das Trauma.« »A basic human experience.« Das war es, was ich in Deutschland kaum gehört hatte, dass man das Allgemeinmenschliche in meinen Figuren oder meiner Schreibbiographie sah, auch wenn es in einem anderen Land, in einer anderen Sprache spielte. Die Selbstverständlichkeit des eigenen Seins und Erzählens schien mir mit einem Mal möglich, weil der Blick von außen nicht das Fremde betonte, sondern das Eigene und das Allgemeine. In Deutschland hingegen reihten sich Einladungen aneinander mit interkulturellen Überschriften und Motti, immer häufiger wurde ich in Deutschland zu Vorträgen eingeladen, die damit zu tun hatten, wie das Leben als Minderheit sei in diesem Land. Wenn ich mit meinem Roman auf eine Lesung eingeladen war, fiel mir erst später auf, als ich mit anderen Autoren zusammen las, einem deutsch-französischen Autor etwa, der nach mir las, dass sich der Moderator auf mein Buch gar nicht vorbereitet hatte. Mich hatte er mit Thesenfragen über deutsche Integration abgefertigt, mit dem französischen Autor hingegen sprach er über die Figuren, den Text, das Buch, das dieser Autor verfasst hatte, obwohl er ausländischer war als ich. Er war aber eben kein Inlandsausländer, die müssen nicht für Integrationsdebatten herhalten und werden nicht von deutschen Intellektuellen und Politikern mit ihren Integrationsetiketten versehen.

Ich hatte bei meinen ersten Büchern auch noch kein Bewusstsein dafür, dass Schreibende wie ich vom deutschen Kulturbetrieb in diese vermeintlich wohlwollenden interkulturellen Motto-Veranstaltungen eingeladen wurden, weil man uns als das andere sah; letzten Endes war gar nicht ich als Autorin, die einfach Geschichten erzählt hatte, sondern es war die Mehrheitsgesellschaft, der deutsche Kulturbetrieb, die Identitätspolitik gemacht hatten, noch als ich Anfang zwanzig war und nicht viel mehr wünschte als poetisch erzählen zu dürfen. Durch den fremden und fremd machenden Blick entwickelte es sich so, dass man als Autorin Expertise entwickeln musste für Einwanderungsfragen. Wenn ich auf Podien eingeladen war oder im Radio, selbst in Formaten, die ich als Zuhörerin liebte, ging es bei mir schnell um Integration, Formate in denen schon zig deutsche Autoren über ihre Bücher und Werke gesprochen hatten, doch so eine Autorin mit Migrationskontext wie ich sollte zumindest an irgendeinem Punkt auch darüber reden, wie sie zu Clankriminalität steht. Ich wüsste nicht, dass man Judith Hermann je gefragt hätte, wie sie zu deutschen Kleinkriminellen steht oder ob deutsch geborene politische Autorinnen dazu aufgefordert werden, Position zu deutschen Kriminellen zu beziehen, als wären sie hier geburtsmäßig in Sippenhaft. Ich hatte zu Clankriminalität so wenig Bezug wie Juli Zeh zu deutschen Drogenkriminellen. Ich fragte einen Moderator in meiner Perplexität einmal, ob er deutschgebürtige Autoren auch fragt, was sie von deutschen Kriminellen halten, oder ob das Privileg nur Autorinnen mit Einwanderungsbiographien vorbehalten sei. Er verstand meinen Widerstand nicht. Oft protestiert man, wird als unbequem wahrgenommen, nur weil man die Zuschreibung nicht bedienen will. Ich erinnere mich an nur eine einzige Veranstaltung, in der ich zu müde war, etwas zurecht zu rücken, was auf der Bühne wieder über Einwanderer gesagt wurde, das eine Zuschreibung jenseits der Fakten war. Ich dachte, ich schaue mal, ob irgendjemand das korrigiert. Niemand rührte sich, die meisten im Saal haben ja meist keine Migrationsgeschichte, es war ein Literaturhaus, man sitzt unter sich. Es war der Tag der deutschen Einheit, ich war müde, dachte, ich muss nicht immer etwas sagen, niemand sagte etwas, und nach diesem Podium luden mich die Panelisten gleich in ihre Institutionen ein, wie angenehm es war, nicht unbequem zu sein, dachte ich, und außer mir denkt ja niemand an die Lebenswelten, die nicht im Raum waren. Wer in diesem Land schreibt, spricht, öffentlich agiert und eine andere Herkunft hat, wurde nun einmal jahrzehntelang vom Blick der Mehrheitsgesellschaft zum anderen gemacht. Die eigene Identität wurde gesehen und erzählt durch den Blick der anderen, sich selbst war man selbstverständlich, konnte aber nicht selbstverständlich davon erzählen, weil es sofort als Identität bezeichnet wurde, ein Einspruch oder gar als Widerspruch, weil man sich selbst erzählen wollte, statt sich von anderen erzählen zu lassen. Erst Kollegen in den USA brachten mir bei, dass ich lernen musste, mich dazu zu verhalten, sonst schreiben die anderen deine Erzählung, deuten deine Arbeit als fremd, sprechen dir Themen zu oder ab. Ich fing also tatsächlich an, bewusst über Identität zu reden, nicht zu warten, bis andere die Agenda setzen und ich nur noch Widerspruch einlegen kann. Doch die Frage muss erlaubt sein und sie wird viel zu selten gestellt: Wer hat angefangen mit der Identität? Wer betreibt das sogenannte »Othering« – und wie verhält man sich als »ge-otherter Mensch« dazu, ohne es zu ignorieren? Soll man es unwidersprochen abnicken, als negatives Abziehbild die Assimilation zu suchen?

Ich hatte, im Gegensatz zu vielen Autorinnen und Autoren, die in diese Dynamik hinein ihre Bücher schreiben, auch Politikwissenschaft studiert und interessierte mich für politische Fragen und Debatten. In den USA war ich bei Auftritten Autoren wie Junot Diaz begegnet, die mich aufforderten, in diesem Gemenge meine Stimme zu suchen, unabhängig von den Zuschreibungen die Welt mitzuerschaffen, in der man schreibt und gelesen wird. Wer nicht redet darüber, wie geredet wird, kann seine Geschichte nicht aus seinem Blick heraus präsentieren, sondern wird immer zum Fremden, das zeigte mir Junot Diaz. Von ihm stammt auch das Zitat: »Motherfuckers will read a book that's one third Elvish, but put two sentences in Spanish and they (white people) think we're taking over.« Er hat in seinem Buch »Das wundersame Leben des Oscar Wao« dennoch einen großen Teil auf Spanisch geschrieben, sein frustriertes Zitat zeugt aber davon, wie schwierig es ist, mit hybriden Lebenswelten nicht als Gegner geschaffen zu werden, der die Kultur nicht angreift. Elfensprache, das geht, aber wehe, man repräsentiert in einem Buch die Sprache seiner Kindheit.

Ich begann also damit, Vorträge in Stadthallen zu halten, Podien zu bestreiten und schrieb Bücher und Kolumnen, stellte mich bundesweit und international Diskussionen zum Thema. Ich hatte mich aber auch entschieden, nicht nur zu reden, sondern in Heidelberg exemplarisch ein Projekt auf den Weg zu bringen, das mich zwang, über steile Twitter-und-Debatten-Thesen hinaus zu denken. Ich wollte – wie in einem Labor – ausprobieren, wie es gelingen kann, Neues zu schaffen, aus Ideen Realität werden zu lassen. Ich hatte in Kulturprojekten mitgearbeitet, in Rumänien zum Beispiel, wo es um unterschiedliche Minderheiten in einem Dorf nahe der damaligen Kulturhauptstadt Hermannstadt ging, hatte in mehreren Städten gearbeitet und recherchiert, die für ihre Konzepte und ihren Umgang mit Multikulturalität berühmt waren, wie in New York und kurz auch in Toronto Einblicke bekommen in urbane Stadtgesellschaften und ihren Umgang mit Migration. Als in Heidelberg, das laut Sinus-Studie in Sachen Migrationsgesellschaft eher Toronto als anderen deutschen Städten gleicht, eine Person gesucht wurde, die für die Stadt innerhalb eines Jahres ein Konzept für ein Interkulturelles Zentrum ausarbeiten sollte, hielt ich das für eine Chance, Theorie und Praxis miteinander zu konfrontieren, zu überprüfen, ob es möglich ist, innovativere Ideen in deutschen Städten und Strukturen einzubringen, die den Eingewanderten raus aus der Defizit-Perspektive brachten und nur im Fokus behielt, was ein Eigewanderter alles nicht kann, statt auch die Frage nach den Ressourcen zu stellen, die jemand mitbringen und einbringen kann.

Diese Entscheidung wurde so etwas wie der Beginn meiner Lehrjahre. Zunächst fühlte es sich an wie eine Zerreißprobe zwischen Theorie und Praxis, steile Thesen, wie viele sie auf Twitter losließen und die manchmal die Diskussionen prägten, spiegelten den Alltag vieler Menschen nicht wider. Ich musste lernen, meinen Blick zu schulen, das Sehen vor das schnelle Urteilen zu stellen, eine Übung in Selbstdisziplin und Selbsthinterfragung. Das soll nicht bedeuten, dass die Urteilskraft, die für jede Demokratie wichtig ist, abgestellt wird und man zum meditativ-buddhistischen Beobachter wird, es heißt jedoch, dass demokratische Diskurse besser werden können, wenn man die Beobachtungszeiträume erhöhte, Selbstverständlichkeiten nicht ständig reproduziert. Ich musste eine Art Technik entwickeln, die beim Nachdenken und Erleben von »Gesellschaft« das Sortieren von Gleichzeitigkeiten ermöglicht, insbesondere widersprüchlicher Gleichzeitigkeiten.

Der faktenbasierte Diskurs wird meist entlang der klassischen Kunst der Rhetorik geführt, es geht um das bessere Argument, das schließlich gewinnt. Natürlich ist das ein erprobtes und unverzichtbares Instrument für den Diskurs in demokratischen Gesellschaften, nur was, wenn wir in einer Zeit Leben, in der die Werte zunehmend so breit ausdifferenziert sind, dass die Idee des stärkeren Arguments keine Lösungen mehr bringen kann, sondern in den Stillstand führt? Geht man von der Gleichwertigkeit von Argumenten aus, von der Gleichzeitigkeit unterschiedlicher Wertesysteme, bedarf es vielmehr ausgefeilter Techniken für die Aushandlung von Problemen und Herausforderungen. Gleichwertig, gleichzeitig und gegensätzlich kann sonst in die Stagnation führen, weil die Diskursteilnehmer von derart unterschiedlichen Werten auf das Problem blicken, dass es nicht mehr zum Konsens kommen kann. Es geht also erneut um das SEHEN: In einer pluralen Gesellschaft ist die Vorstellung, »das bessere Argument« gewinnt, eine frustrierende, weil sich die Einzelnen und Gruppen so ausdifferenziert haben und das bessere Argument noch stärker als in pluralen Gesellschaften ohnehin zu einer Frage der Perspektive wird. Das Phänomen ist natürlich nicht neu, das Bewusstsein darüber sollte jedoch angesichts einer vielfältigen Gesellschaft bei Lösungsprozessen stärker in den Mittelpunkt rücken. Es wird immer weniger darum gehen, wer das bessere Argument hat, sondern darum, wie angesichts der Gleichzeitigkeit mehrerer als gleichwertig gut anzusehender Argumente ein Dialog geführt werden kann, der Bürgerinnen und Bürger unterschiedlicher Perspektiven dennoch zusammen zu bringen vermag, sie im besten Fall dazu bringt, für die Zukunft an einer gemeinsamen Sache zu arbeiten. Die Robustheit unserer Demokratie, die Fähigkeit, sie zu erneuern, überprüft man nicht mehr nur daran, ob es gelingt, einen faktenbasierten Diskurs zu führen (diesem Thema wird derzeit zu Recht in der demokratischen Bildung viel Aufmerksamkeit geschenkt, weil er die Basis des Redens über die Wirklichkeit gefährdet). Es geht jedoch darüber hinaus auch darum, wie gekonnt eine Gesellschaft Modelle entwickelt, die mit den Spannungen dieses Diskurses umgehen, wenn Bürger und Einwohner eines Landes angesichts und trotz derselben Fakten zu gänzlich anderen Schlüssen gelangen. Wie lernfähig bleibt der Einzelne und geht es ihm im Diskurs um die Dominanz seiner eigenen Positionen oder um die Lernerfahrung, eine Vielheit von Positionen kennenzulernen, mit dem Ziel, im Einklang zu koexistieren? Meine nüchterne Bilanz nach über zehn Jahren inmitten dieser Diskussionen: Die meisten sind nicht in der Lage, diese Ambiguität auszuhalten. Das Bedürfnis nach Eindeutigkeiten führt zu Verhärtungen, die Diskussionen schwieriger machen. Leider sind dafür auch jene verantwortlich, die meinen, sie stünden für den Wandel zu mehr Gerechtigkeit und das Progressive und somit auf der richtigen Seite der Geschichte. Ich fürchte, das einzusehen war für mich die schwierigste Lektion, mit Sicherheit war es jene, die mich am meisten überrascht hat, was natürlich nicht heißt, sie wäre für andere nicht vorhersehbar gewesen.

Als ich zum ersten Mal mit dem in Berührung kam, was man heute zu Recht oder Unrecht »Identitätspolitik« nennt, war das zunächst nicht mehr als eine Schärfung des Bewusstseins, woher ich komme, wie meine ethnische und sozio-ökonomische Zugehörigkeit mein Leben geprägt hatte, oftmals ohne dass ich es bemerkt hätte, weil es in Deutschland zu Beginn des neuen Jahrtausends kaum relevante Diskurse dazu gab. In Deutschland wurde über Einwanderung jahrzehntelang öffentlich vorwiegend ohne Einwanderer gesprochen und vor allem so, dass es stets um die Frage nach der vermeintlichen Homogenität des Landes ging: Hier die homogene Mehrheitsgesellschaft, dort die eingewanderten Minderheiten. Das lässt sich beliebig durch alle neuen Namensgebungen über die Jahrzehnte durchdeklinieren: Die Einheimischen und die Fremden, der Inländer und der Ausländer, der mit und ohne Migrationsgeschichte, der Migrant und die Alteingesessen. Die Eingewanderten waren für die Mehrheitsgesellschaft ein ebenso homogenes Paket, wie sie sich selbst beschrieben, dabei sind natürlich weder die konstruierte Mehrheitsgesellschaft noch die Minderheiten je in sich homogen gewesen. Für Menschen wie mich, die mit einem oder mehreren anderen Pässen in Deutschland geboren und aufgewachsen sind, wurden bürokratische Wortungetüme geschaffen wie Bildungsinländer. Ausländerin, aber eben auf deutschen Schulen gewesen, sollte das heißen, der Geist sei immerhin deutsch geprägt. An der Universität sollte mich das jedenfalls von den klassischen Auslandsstudierenden, die nicht in Deutschland zur Schule gegangen waren und auch nie hier gelebt hatten, abgrenzen: Diese Ausländerin hier, die haben wir zumindest bei uns ausgebildet, unter dem Aspekt

Bildung ist sie Inländerin, unter allen anderen weiterhin Ausländerin. Natürlich war auch diese bürokratische Vorgehensweise aus heutiger Sicht eine Art »Identitätspolitik«: Identität wurde Top-Down definiert, deutsche Staatsbürgerschaften gab es für Ausländer nicht, auch dann nicht, wenn sie hier geboren worden waren, es galt das Konzept des Blutrechts.

Das Verhandeln von Identität ist also nicht Neues, zum gesellschaftlichen Streitthema, das man mit »Identitätspolitik« umschreibt, wurde es jedoch erst, als jene, die man zuvor noch zu Minderheiten erklärt hatte, Mitspracherechte einforderten und diese auch rechtlich bekamen, das Staatsbürgerschaftsrecht liberalisiert wurde und der Diskurs nicht mehr um den Umgang der Mehrheitsgesellschaft mit »ihren« Minderheiten ging. Der Diskurs war eben kein Spiel der mehr oder minder großen »Toleranz« gegenüber Minderheiten mehr, es ging darum, von einer vielfältigen Republik zu sprechen, in der die alte Mehrheitsgesellschaft eben nur noch eine Facette unter gleichberechtigen Bürgerinnen und Bürgern ist, die Schulklassen von morgen längst eine andere Wirklichkeit schaffen, die mit dem alten Konzept der Mehrheitsgesellschaft schon deshalb nicht mehr arbeiten konnten, weil in vielen Städten des Landes die Mehrheit der Kinder eben Migrationsgeschichte hatte.

Das vieldiskutierte Buch »Das Migrationsparadox« des Soziologen Aladin El-Mafaalani machte dieses Phänomen für viele transparent und nachvollziehbar, wobei ich selbst diese Schleife noch immer in den alten Dichotomien gedacht finde: Es ist kein Paradox, es ist auch kein Phänomen der Migration an sich, es ist letztlich der Klang einer pluralen Demokratie, in der unterschiedliche Perspektiven um Anerkennung kämpfen, man muss diese letztlich nicht unter Migration labeln, da etwa ein Ungar, der sich hier mit Orban identifiziert, ganz andere demokratische Forderungen aufbringen wird als einer, der sich gegen Orbans Politik stellt. Die Migration spielt folglich nicht immer die entscheidende Rolle, wenn die Gesellschaft so ausdifferenziert ist.

Meine Generation, oder eben die Generation X, ist, was die Identitätsdebatten angeht, so etwas wie die Sandwich-Generation. So wie man über Generationen spricht, die mit und ohne Internet aufwachsen, zwischen *Digital Natives* und Analogen, so gibt es auch hier eine Generation, die selbstverständlich mit der doppelten Staatsbürgerschaft zur Welt kam und Identität viel fluider versteht als die Großeltern, für die – Blutrecht sei Dank – eine Identitätsdebatte nicht möglich war: der deutsche Staat hätte ihnen das Deutschsein rechtlich nie zugestanden. Meine Generation ist das *Inbetween*, wir wuchsen noch ohne Internet auf, waren aber jung genug, um noch selbstverständlich in die digitale Welt einzutauchen, so auch in das Staatsbürgerschaftsrecht: Wir wuchsen noch mit dem deutschen Weltbild und der dazugehörigen politischen Rhetorik auf, Ausländer zu sein, blutrechtlich nie dazugehören zu können, und sind doch jung genug, im Gegensatz zu unseren eingewanderten Eltern, um noch erlebt zu haben, wie die Wirkmacht von Gesetzen, die sich aus politischen Diskussionen ergeben, die Lebensrealität sowie den rechtlichen Status von Grund auf verändern kann: die erste Generation, die zu Beginn ihres Berufslebens den Wandel vom Ausländer zum Deutschen erleben konnte, weil sie sich einbürgern lassen konnte, was noch undenkbar zu schien, als wir volljährig wurden.

Aus diesem Grund erachte ich Diskussionen nicht als Elfenbeinturm, sondern als zentrales Mittel zur Aushandlung von Gerechtigkeit in demokratischen Gesellschaften. Der Diskurs und seine Qualität sind kein *Nice-to-have* der Privilegierten, sie sind oftmals der vor-gesetzliche Raum, in dem die großen Gesellschaftsfragen ausgehandelt werden, weshalb wir die Mittel trainieren müssen, um diese Diskurse vital zu halten und letztlich auch zu gestalten. Es geht mir hier nicht um das Geraune von Meinungsfreiheit, das auch nur zu einem Stellvertreterdiskurs geworden ist, in dem das Lösen von Problemen nicht stattfindet. Überhaupt, polemisch formuliert, erfüllen immer größere Teile des Diskurses inzwischen die Funktion, das Lösen von Problemen zu vermeiden. Das ist eine schlechte Nachricht, die gute ist, dass sich Diskursmechanismen trainieren lassen, dass Aufklärung betrieben werden kann über Dynamiken von Falschnachrichten und ihre Funktion bei der Destabilisierung demokratischer Gesellschaften. Was jedoch zu kurz kommt und Hoffnung macht: Es geht auch darum, konstruktive Ansätze zu stärken.

Das neue Selbstbewusstsein der nun Eingebürgerten veränderte das Reden über Einwanderung. Die Diskussionen waren plötzlich nicht mehr gönnerhaft und verhandelten über die Köpfe der Einwanderer den Aufenthalt der Ausländer, viele forderten ein gleichberechtigtes Miteinander – was nicht heißt, dass nicht immer eine neue Gruppe jener, die das schwächste Glied in der Kette ist, nachwächst. Im Moment sind es die Menschen auf der Flucht, und auch die alten Einwanderer reagieren manchmal mit denselben Herrschaftsansprüchen auf die neuen Einwanderer wie früher die deutsche Mehrheitsgesellschaft. Trotz allem sind viele Ausländer von gestern demokratische Wähler geworden, und an diesem Punkt beginnt der Wandel der deutschen Gesellschaft, der noch zu wenig verinnerlicht wurde: Deutschland ist schon seit den ersten Gastarbeiteranwerbeabkommen wieder ein diverses Land geworden, in dem jeder fünfte als Einwanderer lebt. Politisch jedoch hatten die ersten Eingewanderten keinerlei Bürgerrechte. Sie waren der Willkür der Bundesregierung und ihrer Ausländerpolitik ausgesetzt. In Deutschland wurde in der Nachkriegszeit trotz breiter Abwerbeabkommen offen Rassismus zur Schau getragen: An Konzerteingängen hingen Banner mit »Ausländer müssen draußen bleiben«, wie etwa im DOMID in Köln nachzulesen ist, dem jahrzehntelang von Gastarbeitern erkämpften Ellis Island Deutschlands, das endlich von der Bundeskulturstiftung ermöglicht wurde. Zur selben Zeit formierten sich in den USA die großen Bürgerrechtsbewegungen, deren Arbeit Schritt für Schritt für rechtliche Erfolge sorgte, etwa nachdem der Oberste Gerichtshof 1954 die Rassentrennung an öffentlichen Schulen für verboten erklärt hatte und schließlich Präsident Lyndon B. Johnson im Jahr 1964 den Civil Rights Act unterzeichnete, der die Diskriminierung der Schwarzen in den USA für verfassungswidrig erklärte.

Zur selben Zeit, so beschrieb es Günter Wallraff in seinem Buch »Ganz unten«, gab es in Deutschland keine Bürgerrechtsbewegung für Minderheiten, die ersten Generationen Einwanderer waren meist unqualifizierte Arbeitskräfte aus dem europäischen Ausland, selbst qualifizierte wurden zu unqualifizierten gemacht. Da es kein gerechtes System der Anerkennung von Bildungsabschlüssen in Deutschland gab, waren meist selbst gebildete Ausländer der ersten Einwanderergenerationen durch bürokratische Hindernisse zu unqualifizierter Arbeit gezwungen. Selbst wenn es vereinzelt in gewerkschaftlichen Kontexten, insbesondere für Metallarbeiter, Interessensvertretungen auch von und für Ausländer gab, fehlte jahrzehntelang der deutschen Einwanderungsgeschichte ein Diskurs aus den Minderheiten heraus. Wallraff hatte als Investigativ-Journalist über die Missstände geschrieben, die Zustände in den Fabriken und Gastarbeiterunterkünften teilweise als sklavenähnlich beschrieben und mit seinem Buch ein Millionenpublikum erreicht, doch nicht jene, über die er schrieb selbst. Die Ausländer blieben selbst beim erfolgreichsten deutschen Buch über die Lebensbedingungen einer der größten Einwanderergruppen außen vor. Einige Aktivisten heute werfen Wallraff natürlich vor, für die Ausländer gesprochen zu haben, sich als Türke verkleidet zu haben, statt Türken selbst sprechen zu lassen, aus heutiger Sicht ist diese Kritik nachvollziehbar, sie sollte dennoch die Leistung nicht nach den heutigen Maßstäben messen sondern im Kontext ihrer Zeit.

Während also in den USA nach dem Ende der Sklaverei die Bürgerrechtsbewegungen eine Professionalisierung des Kampfs um Bürgerrechte vorantrieben, der Aktivismus von Denkern, Rednern, Musikern und Priestern vorangetrieben und flankiert wurde, waren die größten Gruppen der deutschen Einwanderer keine Bürger, sie hatten Arbeitserlaubnisse, aber keine demokratischen Bürgerrechte. Warum erzähle ich das? Um nachvollziehbar zu machen, weshalb meine Generation, die Kinder und Enkel der Millionen Nachkriegseinwanderer, keine großen Traditionen im eigenen Land vorfanden, mit denen man die Einwanderungserfahrung hätte verarbeiten und zum Thema machen können. Die meisten Kinder der zweiten Generation lernten nicht von den Bewegungen in Deutschland, sondern von den Aktivisten in den USA, zumal auch dort in den letzten Jahrzehnten die Einwanderer nicht mehr nur Nachfahren der Sklaven waren, sondern Latinos, Asian-Americans usw. Das Nachdenken über die vielfältige Gesellschaft, Schlagworte über die eigene hybride Identität, die Struktur der sozialen Bewegungen, aber auch Bildsprache und der Duktus des Protests schwappte über die US-amerikanische Popkultur nach Deutschland, die stark mit dem Aktivismus verknüpft war. So war es auch, als ich das erste Mal in den USA war und an den Universitäten von Minderheiten Slogans hörte wie: Ich bin nicht »half Asian, half American,

I am two wholes«. »Ich bin zwei Ganze, nicht nur zwei Hälften.« In Deutschland war man aufgewachsen mit Phrasen wie »ein Leben zwischen zwei Ländern«, dem ständigen Etikett der Zerrissenheit, und Zuschreibungen, die behaupteten, man wachse als Menschen zwischen zwei Kulturen auf und schleppe zersetzende Ambivalenzen in Sachen Zugehörigkeit mit sich. Für viele Einwandererkinder und -Enkel war diese Art der Zuschreibung so anstrengend, dass der Ausweg darin bestand, gar nicht mehr über ihre Hybridität zu sprechen, sondern zu sagen: Wir sind von hier, hört auf, über die Herkunft unserer Vorfahren zu sprechen. Dabei war die Art des Sprechens über Vorfahren das Problem so wie die Folge, dass man ewig das vermeintlich Fremde blieb, aus Ausländern wurden wie oben beschrieben Menschen mit Migrationsgeschichte oder Migranten. In den USA lernte ich über »hyphenated identities«, Bindestrichidentitäten und darüber, wie normal auch eingewanderte Biographien gelesen werden können, statt sie zu exotisieren.

Meine Zeit in den USA zeigte mir, dass es auf Identitätsfragen andere, viel selbstbewusstere Antworten gab, als es in Deutschland üblich war. Ich verstand, dass es kein Naturgesetz ist, sich jahrzehntelang ständig den Zuschreibungen der anderen auszusetzen, was letztlich nur zum *Othering* meiner Geschichte beitrug, sondern auch dazu, dass ich als jene, die zur »anderen« erklärt wurde, die Mehrheitsgesellschaft in einen reaktiven Prozess des *Otherings* weit weg von mir platzierte. Wenn versucht wird, einem die eigene Biographie als etwas

Fremdes aufstülpen zu wollen, reagiert man vor allem als junger Mensch damit, im Gegenzug und zum Selbstschutz durch ebenso flache Zuschreibungen die Zuschreibenden auf Distanz zu halten. Ein Teufelskreis, der in Deutschland dazu führt, dass es in vielen zentralen Diskussionen und Ereignissen beim Thema Einwanderung zum Moment kommt, in dem von »wir« und »ihr« gesprochen wird und gesprochen werden muss, wenn man die Situation ehrlich analysieren will. Mit Hilfe der Diskussionen in den USA fanden Ende der 90er Jahre viele Nachfahren von Einwanderern in Deutschland, die eine Sprache für ihre Erfahrungen suchten, Inspirationen für ihren Weg, Identitätsfragen zu verhandeln, ähnlich wie der Hip-Hop für junge Deutsche mit eingewanderten Eltern ein Weg wurde, die eigene Ghettoisierung zum Ausdruck zu bringen, wenn sie in ihren Songs vom Fremdsein im eigenen Land erzählten. So orientierten sich der Rassismus-Diskurs und die Jungen auch in Deutschland an den Vorarbeitern in den USA: Dort gab es ein *Wording* für die Ausgrenzung, dort gab es das *Empowerment*, die Theorien und Zukunftsvisionen, dort fand man die Vorbilder, die es braucht, um seine Stimme zu finden für diese Themen. Es waren plötzlich nicht nur die wohlmeinenden deutschen Linken, sondern endlich die Einwanderer und ihre Kinder selbst, die ihre Erfahrungen medial zur Sprache brachten – während die letzten Jahrzehnte in Deutschland dahingehend weitgehend Brachland waren und nur Eingeweihte, die sich aktiv den Nischen zuwandten, die Vorkämpfer in Literatur, Kunst und Politik kannten.

Heute werden sie endlich ans Licht gehoben, zum Thema in deutschen Feuilletons, wie etwa das Projekt Songs of Gastarbeiter, in dem das Duo AYKU eigewanderte Musiker aus der Vergessenheit holte, türkische, jugoslawische, italienische Musiker, die hier arbeiteten, aber in Großbritannien bekannter waren als in ihrem Aufnahmeland Deutschland. Es gab zu wenig Inspiration hier für die Kinder von Einwanderern, unsere Eltern hatte man im Griff, ihr Leben bewegte sich von Duldung zu Duldung, Bürgerrechte waren etwas für andere, nicht für Eingewanderte, die waren »unsere Freunde und unsere Mitbürger« nur in Sonntagsreden. Im Kern mussten die ersten Einwanderer vor allem arbeiten und den Mund halten, die Duldungen waren ein eindrucksvolles Mittel der Einschüchterung, die Bildungsabschlüsse der ausländischen Akademiker wollte man hier nicht anerkennen. Natürlich holte sich in einer solchen Situation meine Generation, wenn sie über Minderheitenrechte nachdachte, Inspiration von den Minderheitenbewegungen und -kampagnen der Aktivisten in den USA. All die Schlagworte, die heute Mainstream geworden sind, von »Empowerment« bis »Whataboutism« wurden auch in Deutschland selbstverständlich und stärkten eine Aktivistengeneration, die es satthatte, jahrzehntelang von Toleranz gegenüber Ausländern, Augenhöhe mit unseren Mitbürgerinnen und Brückenbauen zu sprechen, denn viel einfallsreicher war das *Wording* der jahrzehntelangen interkulturellen Begegnung leider nicht. Die eingewanderten englischen Begriffe der Aktivisten sind heute ganz selbstverständlicher Teil des deutschen Diskurses, sie sind aber auch zu Kampffeldern geworden, doch dazu später.

Ich erzähle von dieser Leerstelle, um zu zeigen, dass es ein emanzipatorischer, wichtiger Moment für viele Einwanderer und ihre Kinder war, endlich ein Werkzeug in die Hand zu bekommen, das Selbstbewusstsein vermittelt und sie vom Duldungstrauma der eingewanderten Eltern erlöste. Heute wird schnell von Identitätskriegern gesprochen, von *Wokeism* und davon, wie gefährlich sie seien – ich werde gleich erläutern, weshalb in Teilen die Kritik an den Kämpfen richtig ist. Doch sehe ich auch die Gefahr, die wichtige demokratische Graswurzelarbeit von Minderheiten zu gefährden, wenn hier undifferenziert die berechtigten Anliegen mit den teilweise destruktiven Methoden verwechselt werden.

Bevor ich deutlich mache, weshalb der Identitätsdiskurs in Deutschland sich selbst blockiert, möchte ich betonen, dass für Einwanderer und ihre Kinder der Prozess der Sozialisation ein anderer ist als für jene, die nur in Deutschland gelebt haben und ohne weitere kulturelle Einflüsse aufgewachsen sind. Das Erwachsenwerden für einen Menschen, dessen Eltern eingewandert sind, kann ab dem Moment, in dem man die eigene Biographie auch als einen Prozess des Ausschlusses verstehen lernt, auch ein Enttäuschungsmoment sein, in dem zum ersten Mal die Wut deutlich wird, die durch solche Ausgrenzungen in einem entsteht, und ja, für manche ist das der Anfang in einer Art Radikalisierung – nicht kriminell gemeint, sondern im Sinne des Bewertens der einstigen Aufnahmegesellschaft: Wer erwachsen wird und versteht, wie die eigenen Eltern nicht gewollt waren, erlebt oft auch eine Wut und eine Trauer um das Versäumte. Das kindliche Gefühl von Normalität weicht dem Gefühl, dass andere ständig für sie entschieden haben, eben nicht die Norm zu sein. Viele verstehen das später, oft mit der Geburt der eigenen Kinder: Sie hatten hier nie eine Kindheit, und vielleicht werden auch ihre Kinder keine solche Kindheit haben, in der sie unhinterfragt sein dürfen und gewollt sind, einfach dazugehören. Das Anders-gemacht-Werden ist ein unveräußerlicher Teil ihrer Lebenserfahrung, selbst wenn sie sich noch so gut assimilieren, wird ihnen »das andere« von der Mehrheitsgesellschaft zugeschrieben. Vor diesem Hintergrund empfinde ich die Wut und Abwertungen gegen die sogenannten Identitätskrieger und »Woken« als Versuch, eben jenen Spiegel, den Diskriminierte einer demokratischen Gesellschaft zu Recht vorhalten, zu zerschlagen und sich jahrzehntealte Privilegien weiter zu sichern. Hat man erst das Feindbild »die Woken« kreiert und missbraucht, um die ganze Bewegung abzuwerten, kann man Panels wieder getrost homogen besetzen, auch Frauenthemen werden wieder runtergedrosselt in ihrer Forderungslautstärke, Minderheiten und Frauen werden gerne gemeinsam zurück an ihren Platz verwiesen. Gleichzeitig muss, wer demokratietheoretisch und kritisch auf die Diskussionen der letzten Jahre blickt, feststellen, dass auch seitens der Minderheiten einige Aktivisten zur Unversöhnlichkeit beigetragen haben, auch der Weg zu einer demokratischeren Gesellschaft sollte demokratisch und plural sein und nicht das

Gegenteil. Was bringt es, einen Monolithen durch einen anderen zu ersetzen?

In einer Gesellschaft, die so divers ist wie Deutschland mittlerweile, in der die Neuerungen im Staatsbürgerschaftsrecht sich wandelten von Blutrecht hin zu Einbürgerung nach wenigen Jahren im Land, werden zwangsläufig Identitätsdebatten geführt werden. Die Twitter-Eskalationsspiralen sind an ihr Ende gelangt, Bücher wie »Generation Beleidigt« der französischen Autorin Caroline Fourest oder Yascha Mounks »Im Zeitalter der Identität« kritisieren dabei die »Identitätskrieger« und werden in ihrer Kritik so radikal wie jene, die sie kritisieren. Es ist eine der Herausforderungen unserer Zeit, bessere Ideen anzubieten, ohne sich den Gegnern der Demokratie anzunähern.

Ich möchte in diesem Streit-Kapitel versuchen, Kritik an der Bewegung zu üben, ohne sie als »Auch Nazis!« zu diskreditieren. In einem Anflug von Hufeisenvergleichen höre ich immer mehr Menschen fragen: »Meinst du die Nazis oder die Woke-Nazis?« Das ist ein Ergebnis der Woke-Beschimpfung, das die gesamte Bewegung mitsamt ihren Zielen diskreditiert, und dabei bewusst weglässt, dass mehr Menschenrechte für alle noch nie eine Forderung der Nazis war. Rassismus und Rassismuserfahrungen prägen Menschen tief, wir leben in einem Land, in dem der NSU jahrelang morden konnte, in dem Akten verschlossen wurden, die zur Aufklärung beitragen könnten, und trotz allem auch der NSU 2.0 wüten kann. Es gibt unzählige Gründe, den menschenfeindlichen Bewegungen in diesem Land die Stirn zu bieten, wenn man die Kraft dafür hat. Das soll natürlich nicht ignorieren, dass Teile der Bewegung in ihren Methoden totalitäre Züge angenommen haben, insbesondere auch, wenn es um die Fähigkeit zur Differenzierung untereinander geht.

Ich kritisiere folglich die Art, wie einige sich im Diskurs über Identität, Einwanderung, Diskriminierung und Rassismus eingebracht haben, und möchte doch die übliche Radikalität der Kritiker vermeiden. Ja, auch Teile der Minderheiten haben selbstzerstörerisch agiert. Ich will hier aber kein Bashing von »Woken« betreiben, sondern beschreiben, weshalb ich nach zwanzig Jahren des Arbeitens mit diesem Thema Entwicklungen erlebt habe, die ich als kontraproduktiv für eine pluralistisches Miteinander erachte. Insbesondere in den letzten fünf bis zehn Jahren radikalisierten sich einige anfangs wohlmeinende Diskursteilnehmerinnen und -teilnehmer, so dass der Ansatz der letzten fünf Jahre trotz des vermeintlich demokratischen Ansinnens tatsächlich auch ein Angriff auf demokratische Prinzipen wurde – vor allem deshalb, weil er immer mehr Menschen genau das nicht zugesteht, wofür man selbst kämpft: Mitsprache. Nur weil ich zu einer diskriminierten Minderheit gehöre, habe ich in einer Demokratie nicht das Recht, die Äußerungen anderer im Diskurs für verzichtbar zu erklären. Man muss auch nicht »Betroffener« sein, um eine Meinung über politische Maßnahmen zu haben, in einer Demokratie geht es darum, die Mehrheit zu überzeugen, nicht jene auszuschalten, die anderer Meinung sind. Je lauter die Forderungen der Aktivisten wurden, man müsse als von Diskriminierung nicht Betroffener »nur zuhören«, desto wütender wurden manche, weil sie – zu Recht – ihre Meinung äußern wollten und selbst wenn es eine unerträgliche, ignorante Meinung wäre, so haben sie in dieser Demokratie das Recht dazu.

Ich möchte hier die Positionen und Haltungen, die für mich zu Streit führten, kurz darlegen. Dies ist ein hochsubjektiver Text und beschreibt nur meine Entfremdung mit bestimmten Arten, auf Probleme unserer Gesellschaft zu reagieren. Ich bin sicher, ich tue einigen Menschen auch Unrecht und sie agieren im besten Bewusstsein, und es ist nicht meine Intention, irgendwen an den Pranger zu stellen, weshalb ich auch keine Namen und Beispiele nennen werde. Ich möchte aber beschreiben, weshalb ich viele Argumentationen nicht mehr nachvollziehbar fand, weshalb immer mehr Haltungen, die in deutschen Debatten über Identität auch seitens der Minderheiten zum Standard wurden, für mich befremdlich geworden sind. Auch andere Menschen mit Migrationsgeschichte wurden auf diese Weise abgehängt, während man zusah, wie einige die Diskurshoheit über Themen beanspruchten, als wären sie gewählte Sprecher eines Themas, obwohl es natürlich auch unter Minderheiten unterschiedliche Haltungen zu unterschiedlichen Fragen gibt und es sich nicht um eine homogene Gruppe handelt. Es scheint mir wichtig, hier kritisch und selbstkritisch zu sein, um nicht die Ziele der Bewegung zu zerschlagen, denn im Moment scheint es einen Angriff auf »die Woken« zu geben, die zu einer stilisierten Hassgruppe geworden sind, mit der man

Rechtsextreme ebenso mobilisieren kann wie die Mitte der Gesellschaft. Während man die Gruppe und ihren Status derzeit vernichtet, weil man sich die Methoden nicht gefallen lassen will, bleiben die wichtigen Themen und Anliegen derzeit oft unbearbeitet und es droht ein Rückfall in alte Zeiten, wenn man etwa die Agenda von Rechtsaußenparteien sieht.

Einer der größeren Fehler, den wir in den letzten Jahren im deutschen Diskurs über Einwanderung gemacht haben, war die Fokussierung auf die Hautfarbe im deutschen Rassismus-Diskurs. Das verdankt sich den Einflüssen aus den USA, der Suche nach Vorbildern, die viele Einwanderer nur dort gefunden haben, wie ich es eben beschrieben habe. Gepaart mit der notwendigen Aufarbeitung deutscher Kolonialgeschichte, die endlich stattfindet, entstand der Eindruck – insbesondere im linken, Rassismusdiskursen gegenüber aufgeschlossenen Teil der Gesellschaft –, mit diesen beiden Themen hätte man sich dem Rassismusproblem gestellt. Im Ergebnis jedoch überlagerte diese Art des Betrachtens der Geschichte die differenzierten Fragen der Ungleichheit, die in Deutschland von Bedeutung waren. Über zwanzig Millionen Menschen mit Migrationsgeschichte leben in Deutschland, die aufgrund der Gastarbeiteranwerbeabkommen kamen oder während des Krieges im ehemaligen Jugoslawien oder aus wirtschaftlicher Not. Die rassistische Ausgrenzung erfuhren sie nicht aufgrund ihrer Hautfarbe, sondern aufgrund ihrer Herkunft, ihres zugeschriebenen Andersseins. Wer das DOMID besucht, das Gastarbeiter jahrzehntelang erkämpft haben, findet

Dokumente offener Menschenverachtung, Zäune für Wohnsiedlungen von Gastarbeitern, Gebäude, an denen auf Plakaten in Großbuchstaben »Ausländer nicht erwünscht« stand, und niemand unterband das damals.

Die rassismuskritischen Diskurse der letzten Jahre machten die Geschichte dieser Menschen unsichtbar. Insbesondere linke Deutsche, die jahrzehntelang in interkulturellen Begegnungsprojekten »den Ausländern« geholfen hatten, konnten jetzt der nächsten Minderheit helfen. Maxim Biller beschreibt diesen Typus des Helferdeutschen zu Recht als »Linksrechtsdeutsche«. So fingen auf Twitter Alt-68-er an, mich zu belehren, dass ich in Rassismusfragen nicht mitreden könne, ich sei zu weiß und zu blond – ich fragte mich, ob ich ohne blonde Strähnchen wieder Mitspracherecht haben würde oder was genau sie mir damit sagen wollten. Jahrelang hatte es Sensibilisierungs-Workshops gegeben, die Gutwillige natürlich machten, um den Rassismus in sich zu überprüfen, doch im Ergebnis waren viele Gutwillige nicht mehr in der Lage, die Geschichte im eigenen Land wahrzunehmen und das Leid der Menschen im eigenen Land zu kennen, weil man ja durch den US-Aktivismus gelernt hatte, dass Rassismusfragen an der Hautfarbe entlang erzählt werden. Auf einem Podium mit zwei schwarzen Autorinnen in Berlin, die viel Kluges sagten, die aber auch den Eindruck entstehen ließen, die Ungerechtigkeiten dieser Zeit träfen weiße Frauen nicht wie schwarze, Erstere seien irgendwie am Ende vor allem weiße neoliberale Feministinnen – auch so ein Schlagwort –, musste ich einwenden, dass auch

Frauen aus dem Osten Europas heute wie Leibeigene gehalten und getraffict werden und sexuell ausgebeutet. Nicht alle Menschen weißer Haut seien privilegiert, und es helfe auch nicht die Zuschreibung »Person of Color«, was heißt, das man zwar keine schwarze Haut habe, aber doch mit Rassismuserfahrungen zu kämpfen habe. Auch das bezog sich natürlich auf die USA, wo viele Chicanos und Latinos als *People of Color* bezeichnet wurden, Schwarze hingegen als *Black People of Color*. Ich sollte in Deutschland, wenn ich bei Minderheiten mitreden wollte, mich auch als »Person of Color« bezeichnen, wegen meiner Minderheitenerfahrung, dann könne ich auch bei Rassismus-Diskursen mitreden. In dem Moment, in dem ich diese Bezeichnung ablehnte, wurde es als Angriff verstanden von jenen, die meinten, mit diesen Begrifflichkeiten die Gesellschaft zum Besseren verändern zu können. Ich stellte klar, dass dem nicht so sei, ich aber keine Begriffe für den Diskurs wählen würde, die ich den Menschen meiner Kindheit nicht erklären könnte, die nicht zu ihrer Geschichte passten, nur weil das *Wording* in den USA passte, schließlich waren es die ersten Nachkriegseinwanderer, die in den härteren Jahren hier Rassismus erfahren hatten. Wer sind wir, die nächsten Generationen, ihnen wohlmeinend unsere Begriffe überzustülpen, ihre Erfahrung begrifflich auszulöschen? Für mich muss der Kampf gegen Rassismus die Realität mit Worten zu greifen versuchen, die auch Betroffene verstehen, es muss vermittelbar sein, worum es geht, ohne ein Proseminar zu belegen, zumal viele Eingewanderte eben nicht Akademiker waren. In dem Sinn war »Ausländer« ehrlicher als »Person of Color« für Millionen Eingewanderte: Der Begriff Ausländer beschrieb den rechtlichen Status vieler Menschen, er erzählte von der juristischen Zuschreibung als nichtzugehörig, er eröffnete Möglichkeiten, über konkrete Verbesserungen zu sprechen, die Fragen nämlich, ab wann man Inländer war und mit welchen rechtlichen Folgen das Ausländersein einherging. Lag das daran, dass schwarze deutsche Aktivsten eben oft Deutsche waren, ihre Probleme also weniger mit dem rechtlichen Status zusammenhingen und wenn ja, warum spielten diese Differenzen in den Diskursen kaum eine Rolle? Weshalb sollte jede Migrationserfahrung in »People of Color« und »Black People of Color« gepresst werden und zum Copy-Paste-Modell einer US-orientierten Blase werden, die in Täter-Opfer-Dualität dachte und die auch Gruppen von Minderheiten zu Tätern machte, wenn es in die eigene Opferlogik passte?

Der jüdische Autor David Baddiel entlarvt dieses Denken in seinem Buch »Jews don't count« mit brutaler Ehrlichkeit; der Verlag traute sich im Deutschen zunächst nicht, den Titel im Deutschen originalübersetzt wiederzugeben, doch nach dem 7. Oktober erschien das Buch neu mit dem Titel: »Juden zählen nicht«. Er beschrieb damals schon das Phänomen, wie neue Rassismusdiskurse ihn als weißen jüdischen Mann plötzlich zur privilegierten Gruppe zählen. Als vor drei Jahren Whoopi Goldberg von ihrem Fernsehsender die Zusammenarbeit aufgekündigt wurde, hatte sie in ihrer Sendung im Frühstücksfernsehen behauptet, in der

Graphic Novel »Maus«, die verboten worden sei und in der es um Konzentrationslager im Zweiten Weltkrieg ging, sei das Thema nicht »race« gewesen, sondern »die Inhumanität zwischen Menschen.« Der Rabbi Abraham Cooper, Leiter des Simon-Wiesenthal-Zentrums, stellte anlässlich dessen fest, »es gäbe eine neue Definition von Rassismus, die sich durchgesetzt hat im öffentlichen Raum, und diese definiert Rassismus als Angriff auf Menschen dunkler Hautfarbe. Dabei lehrt uns die Geschichte anderes.«

Statt eben Minderheiten gemeinsam zu denken und mit vereinten Kräften gegen Diskriminierung zu kämpfen, produzierte diese Sichtweise von Rassismus auch in Deutschland immer neue Ausschlüsse, obwohl man Begriffe wie »intersektional« etablierte, um Geschlossenheit zu behaupten. Intersektional bedeutet, dass es Mehrfachdiskriminierungen gibt, und Menschen von mehreren Diskriminierungsformen gleichzeitig betroffen sind, die sich gegenseitig verstärken. Es bedeutet aber auch, dass sich Gruppen mit unterschiedlichen Diskriminierungserfahrungen zusammentun, um gegen strukturelle Diskriminierung mehr ausrichten zu können. Auch wenn hier die Theorien inklusiv wirken, erzeugen sie neue Ausschlüsse, zunächst einmal durch die Sprache selbst: Können die Gastarbeiter der ersten Generation oder Geflüchtete, die ohne Deutschkenntnisse hier ankommen, die Begrifflichkeiten dieser Bewegungen überhaupt verstehen? Und schließt »intersektional« auch jene ein, die Rassismus erfahren haben, aber anders damit umgehen? Natürlich macht es Sinn, sich im Kampf um Besserstellung zusammenzutun, aber zu welchen Spielregeln spielt man? Wann wird eine Gruppe vereinnahmt zum Erlangen eigener Interessen, und wann werden doch Diskriminierungen gegeneinander ausgespielt und Opferhierarchien behauptet?

Deutlich wurde mir diese Problematik, dass man je nach Bedarf zur Gruppe dazugehört oder ausgeschlossen wird, als es um den Umgang mit den rechtsextremistisch motivierten Morden in Hanau ging. Das erste Mal überraschte es mich, als ich auf einer Demonstration zum Gedenken an Hanau junge Menschen auf die Bühne gehen sah, die Reden hielten, die hochemotional wirkten, aber inhaltlich eher zum Gedenken an George Floyd gepasst hätten als nach Hanau. George Floyd musste sterben, weil die Polizei in den USA ein jahrzehntelang gewachsenes, massives strukturelles Gewaltproblem aufweist. Die Morde in Hanau waren die Tat eines Radikalisierten, auch hier gab es zwar Verfehlungen der Polizei und Probleme aufgrund ihrer Blindheit auf dem rechten Auge, doch war es anders als bei Floyd. Die Reden auf der Veranstaltung klangen jedoch eher wie das Einmaleins des derzeitigen Aktivismus, wenig Konkretes zu Hanau. Ich verstand die Wut, sie ist richtig, umso wichtiger wäre es deshalb, die Probleme hierzulande präzise zu benennen, statt Reden zu halten, die in die Bronx passen, aber nicht nach Deutschland. Die popkulturelle Inszenierung von Protest kommt einher mit der Simulation dessen, was man in den Sozialen Medien als Kachel-Coaching mitbekommen hat.

So kam es auch, dass ich Gedenkaktionen sah, an

denen Aktivisten ein Programm erarbeitet hatten, das den Opfern von Hanau gedenken sollte, ein Großteil der Gedenkveranstaltungen jedoch als *Safe Spaces* geplant war, in denen ausschließlich Black People of Color sich treffen sollten, Menschen schwarzer Haut. Ich sehe die *Safe Spaces* als Mittel des Aktivismus grundsätzlich zwiespältig, einerseits verstehe ich das Bedürfnis nach Schutzräumen, andererseits frage ich mich, weshalb diese dann überhaupt nach außen kommuniziert werden müssen, geht es dann wirklich um einen sicheren Ort oder um die Kommunikation, dass man die anderen nicht dabeihaben möchte und kann? Es ist ein legitimer Wunsch, dass man nichtöffentlich sein möchte, wenn solche Orte von Diskriminierten gebraucht und erwünscht sind, haben sie ihren demokratischen Platz in unserer Gesellschaft, doch in manchen Momenten frage ich mich, was die Botschaft aussagen soll. Warum etwa muss ein so traumatisches Ereignis wie Hanau zum Platzhalter für rassismuskritische Diskurse werden, ohne dass die Aktivisten zu sehen scheinen, dass die meisten Opfer von Hanau an diesen *Safe Spaces* nicht hätten teilhaben dürfen, weil sie eben nicht *Black People of Color* waren, sondern nur *People of Color*, wie solche Bewegungen sie nennen? Vor allem aber waren sie Opfer der rassistischen Zuschreibung »Fremde in Shisha Bars, die Deutschland verändern«. Seit dem NSU-Terror müsste bekannt sein, dass Rechtsextreme in Deutschland die Veränderung des öffentlichen Raums bekämpfen, die Morde an Kleinunternehmern, die eigene Läden hatten, zeigten dies, aber das passt nicht in das *Wording* vieler Antirassismus-Aktivisten, die lieber allein über Hautfarben sprechen. Die Opfer von Hanau hätten bei den *Safe Spaces* anlässlich des Gedenkens an sie nicht teilnehmen können, was zeigt, wie sehr die Reduktion des Rassismusdiskurses auf die Hautfarbe den Minderheiten in Deutschland schadet und es letztlich schwerer macht, die Mehrheit der von Rassismus betroffenen Minderheiten einzubeziehen in den Kampf gegen Rassismus. Stattdessen werden sie immer wieder als jene denunziert, die von Rassismus nicht genug verstehen könnten, da sie zu weiß seien – im Zweifelsfall endet hier das im intersektionalen Bereich überstrapazierte Bestehen auf dem Miteinander.

Als ich einmal, wie schon erwähnt, mit Serpil Temiz Unvar, der Mutter des ermordeten Ferhat Unvar, auf der Bühne saß, sagte sie zaghaft ein paar Sätze gegen die Vereinnahmung ihres Kampfes und den anderer Hinterbliebener durch Aktivisten, die sie eher in den USA verorten würde – während die Hinterbliebenen gleichzeitig um Unterstützung und Gehör für ihre Antirassismus-Projekte kämpfen. Als Folge dieser perfiden Dynamik in Deutschland müssen die Eltern und Hinterbliebenen der Opfer um Anerkennung für ihre Arbeit kämpfen, weil sie am Ende nicht tief genug drin sind im antirassistischen Diskurs, wie man ihn aus den USA kennt und nun auch in Deutschland führen soll. Tragisch ist dabei die Rolle der deutschen Linken und Alt-68er, die seit ihrem Marsch durch die Institutionen häufig für Projektförderungen zuständig sind und mit dem neuen Rassismusdiskurs mehr anfangen können als mit dem Kampf jener, die aus Deutschland heraus und ohne Diskurs aus der akademischen Aktivismus-Blase ihre Menschenrechtsarbeit machen möchten.

Ein weiteres Beispiel, das dieses Problem in den deutschen Diskursen über Rassismus zeigt, war der Moment, als während der Coronapandemie der Friedenspreis des deutschen Buchhandels an die simbabwische Autorin Tsitsi Dangarembga vergeben wurde, eine beeindruckende schwarze Autorin, Filmemacherin und Aktivistin. Ihre Laudatorin war Auma Obama, und noch bevor Dangarembga den Preis erhielt, nahm sich die grüne Frankfurter Stadtverordnete Marianne Mahn das Wort, die Buchmesse anzuklagen, weil sie in diesem Jahr rechtsextremen Verlagen ihren Stand auf der Buchmesse nicht verboten hatte und eine schwarze Autorin daraufhin nicht zur Buchmesse gekommen war, um ihr Buch vorzustellen. Marianne Mahn argumentierte in ihrer Ansprache mit Hanau, das unweit von Frankfurt liegt, weshalb es wichtig sei, sich dem Rassismus entgegenzustellen. Sie erhielt viel öffentlichen Zuspruch für ihre Rede, die Laudatorin und Preisträgerin kommentierten sie jedoch nicht. Im Publikum saß eine Preisträgerin, die auf ihren Preis wartete, die in ihrer Heimat mit Freiheitsentzug im Gefängnis bedroht wurde.

Im Zuge dieser Rechte-Verlage-auf-der-Buchmesse-Diskussion forderten einige schwarze Aktivisten, jeder, der von Rassismus betroffen sei, müsse der Buchmesse fernbleiben. Es gab jedoch Autoren, die gerade dann Stellung zeigen mochten. Der Soziologe Aladin El-Mafaalani, der Direktor der Bildungsstätte

Anne Frank, Meron Mendel, ich und viele andere erklärten, dass wir nicht fernbleiben wollten, sondern dagegenhalten mit unserer Präsenz und unseren Inhalten. Unser Standpunkt wurde von den genannten Antirassismus-Aktivisten angegriffen, wir seien letztlich zu privilegiert, zu weiß, um die Bedrohung, die für Schwarze auf der Buchmesse bestand, zu verstehen. Das Argument, dass Menschen wie wir, die nichtschwarze Minderheiten, in der Aktivistensprache also nur *People of Color* und nicht *Black people of Color* sind, kommt oft vor. Wir seien zu weiß, um die rassistische Bedrohung durch Extremisten zu verstehen, da wir keine sichtbaren Minderheiten seien. Als Nichtbetroffene hätten wir sogenannte Verbündete, also *allys* zu sein, und müssten als Nichtbetroffene den Mund halten und den Betroffenen zuhören.

So ein Diskurs zielt geradewegs auf das, was Kritiker »Opferolympiade« nennen: Es müsste also jeder, der sich äußert, seine Diskriminierungsbiographie äußern, bevor sein Argument Gewicht hätte. Auch das Argument, dass die Frankfurter Buchmesse ein Sicherheitskonzept habe, in dem Salman Rushdie öffentlich auftreten könne, wurde als Hohn verspottet, denn Sicherheit sei nun einmal eine subjektive Empfindung. Die Empfindung mag subjektiv sein, das ist zu respektieren, nichtsdestotrotz muss über ein Sicherheitskonzept auch auf objektiver Ebene diskutiert werden können, ohne dass es zum Affront wird. Überhaupt ist gegen das Argument der subjektiven Empfindung ohnehin kein anderes valide. Dabei kann man das subjektive Sicherheitsempfinden natürlich zum Maßstab des eigenen Handelns machen, man kann dies aber nicht anderen auferlegen, die anders abwägen. Im Ergebnis waren diejenigen, die kamen, nicht schwarz und deshalb nicht in der Lage, die Bedrohung durch Rechtsextremisten nachzuempfinden. Das äußerten einige unter Applaus der Aktivisten im Netz, als wäre die NSU-Mordserie in Deutschland nie passiert, als wären am Ende *People of Color*, die nichtschwarz waren, sicher, als wäre in Hessen nicht auch der CDU-Politiker Walter Lübcke für seine christliche Haltung ermordet worden. In der Paulskirche bezog sich Marianne Mahn, um ihren Punkt zu machen, auf die Menschen in Hanau, die *People of Color* waren und nicht *Black People of Color*. Sie beanspruchte die Opfer, um ihr Argument stärker zu machen, übersah dabei, dass dieser Diskurs schon längst alle, die in Deutschland nicht *Black People of Color* waren, zu Privilegierten erklärt hatte, da wir diese Bedrohung angeblich nicht nachempfinden könnten.

Das war der Moment, in dem mir deutlich wurde, dass diese Diskussionen niemanden weiterbringen werden. All das Wording von *People of Color* und *Black People of Color* sollte einerseits den Menschenrechtskämpfern mehr Durchschlagskraft verschaffen, andererseits gab es entscheidende Momente, in denen man herausdividiert wurde. Menschen nichtschwarzer Hautfarbe, die auch einbezogen werden, wenn es darum geht, Autorität für den eigenen Aktivismus zu beanspruchen, werden zur privilegierten Gruppe. Sobald jemand Positionen vertritt, die nicht zum Gruppenargument passen, sei man eben nicht ausreichend von Rassismus betroffen, sei zu weiß, zu sehr Mehrheitsgesellschaft. So wird letztlich der Hass, der die Opfer in Hanau das Leben gekostet hatte, undifferenziert und mehr den eigenen Interessen als den Interessen der Opfer dienend, im Diskurs angeführt. Dort möchten einzelne prominente Akteure immer auch bestimmen, wer zu was reden darf und zu was nicht.

Das war der Punkt, an dem mir klar wurde, dass es bei dieser Art, über Rassismusprobleme zu reden, mindestes so sehr um nicht zu hinterfragende Diskursmacht ging, wie um den Kampf gegen Rassismus, wie er viele Menschen in Deutschland betrifft und beschäftigt. Wie könnte man sonst übersehen, wer die Opfer in Hanau waren, Hamza Kenan Kurtović, Mercedes Kirpacz waren Opfer rassistischer Gewalt, auch wenn sie weiße Haut hatten. Dieser Moment, in dem Opfer untereinander öffentlich streiten, ab wann jemand mitreden dürfe und ob er dunkel genug sei, sich bedroht fühlen zu können, Autorität zu beanspruchen, das alles führte das Reden über Rassismus und rassistische Gewalt in Deutschland ad absurdum und zeugte von einer Geschichtsvergessenheit über den Rassismus hierzulande. In diesem Moment wollte ich nicht mehr mitreden müssen, ich hatte die Banalargumentationen von *Whataboutismen* ohnehin satt, die vorschnelle Aburteilung zu Privilegien von Menschen, die in manchen Aspekten privilegierter aufgewachsen waren als viele Gastarbeiterkinder.

Dieses Denken in Sippenhaft zog sich in diesen Jahren ohnehin durch. Entweder war ich bereit, über Einwanderung so zu reden, wie es die Aktivisten wichtig fanden, oder ich war eine Art Verräterin des Kampfes, im Aktivistenjargon heißt das »Token«. Wer Erfolg hatte, wurde schnell herausdividiert aus der Gruppe. Als ich etwa zu Beginn der Gründung des Interkulturellen Zentrums zu Netzwerktreffen einlud, wagte ich es einmal, an einem Abend einen alten weißen Mann einzuladen, als einer von mehreren zu sprechen. Ich erhielt prompt die Meldung, er habe nichts zu sagen (obgleich er fachlich hochqualifiziert war) und überhaupt sei ich ja privilegiert und keine Vertreterin von Minderheiten. Mit dem Moment, da ich eine Führungsposition innehatte, war ich ein *Token*, meine eigene Geschichte spielte keine Rolle mehr. Ich hatte auch nicht viel dafür übrig, in einen Diskriminierungswettbewerb zu treten, um Rederecht zu haben. Es widerstrebt meinem Demokratieverständnis, dass einige aufgrund ihrer soziologischen Merkmale kein Rederecht, sondern nur ein Zuhörrecht haben sollten. Überhaupt beanspruchten manche Aktivisten für sich, eine Analyse der Gesellschaft gemacht zu haben, der alle zustimmen müssten, und sofern man etwas anders sah, war man entweder *Token* oder noch nicht so erleuchtet wie sie. Sie wollten nicht diskutieren, sie wollten Workshops geben und am Ende des Workshops feststellen, wer »noch nicht so weit« war, das Ganze zu verstehen. Das ist jetzt holzschnittartig, aber die Stimmung glich eher einer spirituellen Yoga-Retreat-Selbstvergewisserungsgruppe als dem Wunsch, intellektuell und emotional über die Gesellschaft in Austausch zu treten. Natürlich brauchte man, wenn man so dachte, auch immer mehr *Safe Spaces*, weil in einer pluralen Demokratie das heilsbringende Denken für alle zum Glück nicht gewünscht ist.

Ich fiel in der Wahrnehmung von Aktivsten, die so denken, immer wieder negativ auf, als ich mich distanzierte von Spielregeln, die aus diesen Aktivisten heraus für die diverse Gesellschaft aufgestellt wurden und von denen sie meinten, man könne sie vermitteln wie Wissen für die Fahrschulprüfung. Nachdem sie ihre Version vorgetragen hatten, hofften sie auf Applaus, Zustimmung und Übernahme in Integrationsprogramme zur flächendeckenden Verbreitung. Selbst Politiker meinten, man müsse das nur übernehmen, ohne zu hinterfragen, ob das wirklich für alle Minderheiten gelten konnte, was hier gerade als Konsens für die Einwanderungsgesellschaft formuliert wurde. Ich konnte also nicht mehr das Argument anbringen, dass ich das Reden über *Wording* zwar spannend finde, denn natürlich schafft Sprache Realität, aber dass mir die gegenwärtige Realität dadurch zu sehr in den Hintergrund tritt. Das richtige Reden über Migration wurde – wie im Feminismus das Gendern – mehr diskutiert als die Frage nach dem Wahlrecht für Einwanderer, nach Arbeitserlaubnissen, Duldungen, Bleiberecht. Sobald ich das äußerte, warf man mir vor, das sei ein *Whataboutism*, eine Art, von dem Problem, das beschrieben wird, abzulenken. Ich betonte, dass ich es richtig finde, in Diskursen über Aufmerksamkeit und Gewichtung nachzudenken, wie viel Aufmerksamkeit für welche Themen welche Wirkung bringt und ob das Diskutierte auch Menschen zugutekommen kann, die nicht in den Medien und Eliten dieses Landes arbeiten oder arbeiten möchten. Ein Aktivismus, der am Ende vor allem Lobbyarbeit für die eigenen Interessen war, schien mir falsch angesichts der Tatsache, dass immer mehr Menschen in Deutschland ohne deutschen Pass und somit ohne Wahlrecht lebten. Über zwölf Millionen konnten nicht wählen, hatten kein demokratisches Mitbestimmungsrecht, das waren Themen, die klassische Migrantenorganisationen beschäftigten, die aber medial nie die Durchschlagskraft entwickelten wie der Twitter-Pranger und seine vermeintliche Aufklärungsarbeit. So wurde etwa Elke Heidenreich nach einem Auftritt bei Markus Lanz angegangen für eine Anekdote von einer Taxifahrt, in der sie den Taxifahrer gefragt hat, woher er komme. Sie hatte ihn weder ausgeschlossen noch abgewertet, sie hatte darauf hingewiesen, dass seine Eltern vermutlich eingewandert seien, womit sie schlussendlich recht hatte. Im Netz tobte ein Twittermob, da war sie die nächste große »Rassistin«.

Viele Aktivisten hatten sich damals dafür eingesetzt, dass es Konsens wird, die Frage »Woher kommst du?« als rassistisch anzusehen. Es gab Bücher dazu und natürlich *Hot Takes* auf Instagram. Selbst Angela Merkel zitierte wohlmeinend und gut gebrieft diesen Ansatz. Am Ende sollte jemand mit eingewanderten Eltern sagen: Ich komme aus Nürnberg. In dieser Phase konnte auch ich nicht mehr öffentlich sagen, ich käme aus Kroatien oder hätte auch kroatische Traditionen, schließlich wussten ja Linksrechtsdeutsche für mich, dass ich von hier sei. Deutsche, die den Migranten nur noch zuhören wollten, belehrten mich dann, wie ich zu meiner Herkunft zu stehen habe und wussten auch, wie viel Einfluss meine zweite Kultur auf mich haben sollte, nämlich keine. Linke assimilierten einen durch Wohlwollen, es war im Alltag ziemlich penetrant, denn so ein Slogan wie »du bist doch von hier« lässt sich in seiner Simplifizierung natürlich leicht verinnerlichen. Ich wollte die Debatte um Heidenreich damals nutzen, um das alles zu hinterfragen, und schrieb, dass ich verstehe, dass manche Menschen diese Frage als rassistischen Angriff empfinden, vor allem schwarze Deutsche, die seit vier Generationen hier leben. Andererseits gibt es Eingewanderte, die noch immer keine Deutschen sind, die auch gerne über ihre Herkunft reden und bei Desinteresse auch denken, man interessiere sich nicht für ihre Identität als Ganzes, sondern nur für das, was von hier oder für hier war. Dieser Versuch, eine Frage zu differenzieren, statt sie pauschal als rassistisch zu bewerten, löste im Netz eine Empörung aus über mich, ein *Token* sei ich, könne ohnehin nicht mitreden bei Rassismus, ich sei schließlich zu weiß, siehe oben, dasselbe Spiel wie auf der Buchmesse. Vor allem linke Deutsche, die vermutlich durch Workshops für Sensibilisierung für Rassismus gegangen waren, griffen mich hart an, weil sie ja wussten, dass jemand wie ich von Rassismus nicht betroffen sein konnte.

Der ganze Versuch, hier zu etablieren, die Frage, woher man komme, sei rassistisch, führt eher zu dem, was man in den USA »colorblind« nennt. Man sieht die Differenzen nicht mehr und somit auch nicht differenziert die Schwierigkeiten, die aus ihnen erwachsen. »Ich bin von hier« würde meine Familiengeschichte als Einwanderungsgeschichte von heute auf morgen auslöschen. Ich kann doch hier sein und gleichzeitig von einem anderen Ort der Welt hierhergekommen sein. Das wäre der Lernprozess zur Einwanderungsgesellschaft hin. Der Versuch, das eingewanderte Leben ohne die Generationen zuvor zu denken, glich meines Erachtens einer Selbst-Assimilation: Wenn wir nicht mehr markiert werden können mit etwas Eingewandertem, dann sind wir auch von hier, dann sind wir Hiesige. Dabei ist die Einwanderungsgesellschaft eben auch die Herausforderung des Wandels für alles Hiesige. »Von hier« war eine Selbst-Assimilation. Ich bin nicht mehr anders, also greift mich nicht mehr als anders an. Wenn ich dem widersprach, wenn ich sagte, ich möchte über Herkunft reden, weil ich es wichtig finde, unterschiedliche Herkünfte zu normalisieren und trotzdem Deutsch zu sein, empfanden viele Aktivisten das nicht als Gegenargument, sondern als Verrat. Letztlich. Ich hatte den Freiheitsbegriff in einer pluralen Demokratie jedoch nicht so ausgelegt, dass ich nur die Freiheit hatte, wie eine Gruppe zu denken. Ich sah die Ausschlüsse, die solche Gruppen reproduzierten. Mein Wunsch war es, einen Ort zu schaffen, in dem es um Einwanderung, Menschenrechte, Pluralismus ging und der nicht gezwungen war, sich solchen Dogmen hinzugeben, die nicht zu diskutieren waren, sondern die wie Zehn Gebote über die diverse Gesellschaft gelegt werden sollten. Der Streit war insofern fruchtbar, als er mich an die Freiheit des

Denkens erinnerte, die für mich vor die Gruppenzugehörigkeit gehörte und nur dann aufklärerisch war.

In den ersten zwei Jahren der Gründung des Interkulturellen Zentrums wurde mir klar, dass dieser Streit demokratisch von Bedeutung war, dass ich keinen *Safe Space* gründen wollte, in dem sich alle unter sich begegneten und bestätigten und die anderen schließlich ehrfürchtig den Mund halten sollten, bis auch sie durch Sensibilisierungsworkshops so »bewusst« geworden sind, dass sie die Agenda der Aktivisten teilen. Als Kultur des Zuhörens wird das beschrieben, das Zuhören ist jedoch einseitig und beansprucht bei immer mehr gesellschaftlichen Themen die alleinige Deutungshoheit. So gibt es Themen und Geschichten, bei denen es darum gehen muss, vor allem die Opfer zu hören, diese Haltung kann nicht beliebig für immer mehr Themen gelten. Ein Thema etwa wie das der kulturellen Aneignung (*cultural appropriation*) ist durchaus diskussionswürdig. Aus Sicht vieler Aktivisten ist kulturelle Aneignung zu verurteilen, sie müssen sie anprangern (*outcalling*) und letztlich die kulturellen Aneigner auffordern, davon abzusehen. Wenn es um medizinisches Wissen von alten Völkern geht, bei denen sich Pharmakonzerne Wissen aneignen, die Profite aber nicht teilen, ist das eine legitime Diskussion um kapitalistische Ausbeutung. Der Ansatz greift aber immer weiter in den Kulturbetrieb ein, die Aktivisten gehen sogar so weit, den Künstlern vorschreiben zu wollen, wie sie mit den von ihnen geschaffenen Werken umzugehen haben. Hier setzt das *outcalling* natürlich darauf, dass Künstler empathisch sind und ihre Fans nicht verletzen oder verlieren wollen. Der Empörungsmaschinerie gelingt es, sich über das Urheberrecht hinwegzusetzen, Autorinnen fühlen sich genötigt, dem Druck nachzugeben.

Das prominenteste Beispiel hier war die US-Lyrikerin Amanda Gorman, die bei der Inauguration von Joe Biden berühmt wurde, als sie mit ihrem Gedicht »The Hill We Climb« die weltweite Öffentlichkeit begeisterte. Als ihr Gedicht ins Niederländische übersetzt werden sollte, von der kongenialen niederländischen Autorin Marieke Lucas Rijneveld, selbst die jüngste Booker-Preisträgerin aller Zeiten, war es nicht Amanda Gorman, die sich beschwerte oder dagegen war, sonst hätte der Verlag den Auftrag vermutlich nicht erteilt, es war Janice Deul, schwarze Aktivistin und Journalistin, die in der niederländischen Tageszeitung »De Volkskrant« kritisierte, hier sei eine Chance vertan, die Übersetzerin sei nicht schwarz und auch nicht non-binär. Rijneveld setzte schließlich einen Tweet ab, in dem sie sich entschuldigte, Gefühle verletzt zu haben, und verkündete, die Übersetzung nicht zu machen. Eine kongeniale Übersetzerin ging damit für das Werk verloren, künstlerische Kriterien zählten weniger als biologische und soziologische Markierungen, und Aktivisten maßten sich an, über die Übersetzung eines Werks Autorität haben zu dürfen, obwohl die Autorin selbst noch lebt und keine Einwände hatte, schlicht, weil sie eine Autorin schwarzer Hautfarbe ist. Amanda Gorman wurde an dieser Stelle bevormundet und könnte sich natürlich gegen die Aktivisten wehren, wofür sie jedoch einen hohen Preis hätte bezahlen müssen. Ich sehe diese Bevormundung von Künstlern als Eingriff in ihre künstlerische Freiheit. In Deutschland wollte man zu diesem Zeitpunkt ebenfalls den Aktivisten alles recht machen, hatte »zuhören« gelernt, und so wurde die Übersetzung im Trio vorgenommen von der Übersetzerin Uta Strätling, Hadija Haruna-Oelker und Kübra Gümüsay. Welche Expertise die beiden deutschen Aktivistinnen bisher mit literarischen Werken oder der US-Literatur vorzuweisen haben war zweitrangig, was zählte, war irgendwie das öffentliche Erregungspotenzial zu befrieden und so zu tun, als nähme man Minderheiten ernst. Das ist keine Kritik an den beiden oder an der Qualität ihrer Arbeit. Doch wer Minderheiten ernstnimmt, der setzt auch bei ihnen auf die höchste literarische Qualität und nicht auf die Quote. Wenn Übersetzerinnen fehlen, dann schult man sie, setzt Förderprogramm auf, um den Nachwuchs diverser zu machen, die Ausbildung mehr Menschen zugänglich zu machen, aber man setzt nicht einfach zwei im Bereich der Menschenrechte wohlverdiente Persönlichkeiten der Glaubwürdigkeit wegen eine professionelle Übersetzerin als Supervisorin zur Seite, als könne sie sich nicht einfühlen in das lyrische Werk, als könnten wir alle nicht Toni Morrison lesen und verstehen, wenn wir nicht selbst das Leben der Figuren geführt hätten, von denen sie schreibt. Dabei geht es in der Kunst genau um das: imaginieren.

Überhaupt, diese wohlfeile Gehorsamkeitssimulation vieler linker Deutscher, oder eben Linksrechtsdeutscher, die sämtliche Setzungen samt dem *Wording* der

Aktivisten nachbeten. Wenn ich etwas über Kroatien sage und das mich etwas von dort geprägt habe, korrigieren mich linksliberale Deutsche schamlos, dass ich von hier sei. Kulturelle Aneignung des Deutschen meinerseits, ist das in Ordnung? Wer sich mit der Kulturgeschichte beschäftigt, sieht natürlich kapitalistische Ausbeutungsmuster, die man kritisieren muss, jegliches Spiel mit anderen Kulturen jedoch als kulturelle Aneignung zu markieren ist ein Instrument, öffentlich Deutungshoheit zu beanspruchen. Die Erben von Bertolt Brecht haben mehr Rechte auf das Werk ihres verstorbenen Vorfahren als die lebende Amanda Gorman, nur weil sie eine schwarze Autorin ist, muss sie auf die Rechte, die das Urheberrecht ihr gibt, verzichten. Die britische Schriftstellerin, Booker-Preisträgerin und Mitglied der Royal Academy Bernardine Evaristo sagte in einem Interview mit mir, sie halte nicht viel vom Konzept der kulturellen Aneignung, als Schreibende sei man in einem konstanten Prozess, das Gewesene mit in das, was man gerade kreiert, einzuschreiben.

Es sind solche Positionen und Diskussionen wie in diesem Kapitel beschrieben, die es der Gegenseite leicht machen, den Kampf für Minderheitenrechte zu einem Identitätskampf auszurufen, dabei habe ich noch nicht einmal die Diskussion um Winnetou erwähnt. Immer neue Schauplätze wurden in den letzten Jahren eröffnet, meist war die Bühne Twitter (heute X). Aktivisten pickten einen Satz heraus und versuchten, mit ihrer Art des Prangers einzelne Menschen auf eine Aussage festzunageln, an ihrem Shitstorm sollte die Welt genesen, durch das Anprangern sollten die Mächtigen lernen. Das sind an sich demokratische Ideen, »to speak truth to power«, doch es ging nicht mehr um Power als solche, es ging darum zu suggerieren, man wache über alle Aussagen. Natürlich ging es vielen auch um die eigene Sichtbarkeit und das eigene Geschäftsmodell, ein Vorwurf, den viele vehement ablehnen, was jedoch bei nüchterner Betrachtung reine Koketterie ist, denn natürlich ist auch Aktivismus im kapitalistischen System Teil der Verwertungsketten, natürlich wird auch hier Geld umgesetzt – aus meiner Sicht wertet das Aktivismus jedoch nicht ab. Weshalb sollte ausgerechnet in einem kapitalistischen System alles das, was an Menschenrechtskämpfen stattfindet, jenseits des Geldflusses geschehen? Das Geschäftsmodell war nicht mein Problem, sondern die Unerbittlichkeit, in der in immer kleineren Nuancen auf Twitter Diskussionen geführt wurden, die wenige Tage später in den Redaktionen landeten und dazu führten, dass diskursiv Kleinstfragen der Einwanderungsgesellschaft verhandelt wurden, obgleich die Probleme immer größer wurden. Außerdem waren Twitter und Instagram wie ein Dauerpitch für viele: Je steiler die These, desto näher rückte der Buchvertrag. Ich konnte kaum mehr auf Twitter gehen, ohne dass nicht irgendwer irgendwen gerade in den Fleischwolf nahm, weil er an irgendeiner Stelle irgendwen verletzt hatte. Wenn ich in Direktnachrichten versuchte, Leute zu überreden, im Streit mit rechten Trollen nicht die Trolle bekannter zu machen, wurde abgewunken. Man keilte und keifte, weil man angeblich kämpfte, doch so entstand auch der Eindruck, hier seien die Unerbittlichen. Bei der Kreation des Monsters »Identitätskrieger« waren leider viele Netzaktivisten selbst beteiligt. Statt die Gunst der Stunde zu nutzen, denn in Deutschland brauchte es insbesondere nach 2015 Projekte, die vom Gelingen der Einwanderungsgesellschaft erzählten, profilierte man sich in Kleinstkämpfen, suchte immer kleinere Nuancen von Äußerungen, die angeblich nicht sein dürften.

Cancel Culture – noch so ein Schlagwort wie »Identitätskrieger«, das die Gegenseite gegen die Aktivisten nutzt, das aber von den Aktivisten selbst mitgeschaffen wurde. Auf den Vorwurf der *Cancel Culture* kannten Aktivisten nur Plattitüden als Antwort, wie etwa: Du kannst reden, was du willst, es wird aber nicht unwidersprochen bleiben. Es ging jedoch nicht um Widerspruch, es ging durchaus darum, dass der öffentliche Raum nicht der *Safe Space* sein konnte, den man sich manchmal, um Luft zu holen, kreiert. Eine pluralistische Demokratie wird mit unterschiedlichen politischen Haltungen leben müssen. Die Beschimpfung hatte nur kurz erfolgreich Konjunktur, wenn etwa die Aktivisten den WDR kritisierten und der WDR eine Aufarbeitungssendung aufsetzte. Es war klar, dass bei dieser Wucht die erste Gelegenheit genutzt werden würde, die Aktivisten wieder kleinzubekommen, weil sie zu viel in zu kurzer Zeit mit zu radikalen Mitteln umsetzen wollten, ohne an das große Ganze zu denken. Viele gingen davon aus, da sie das Gute wollen, kann es nur gut für alle sein.

Da ich ein Haus gründen wollte für alle, musste ich lernen, so zu reden, dass ich möglichst viele Menschen überzeuge, statt sie zu belehren oder zu beschimpfen. Ich wusste, dass bei geheimen Abstimmungen niemand sich verpflichtet sehen würde, öffentlich eine gute Figur zu machen. Wenn ich Interviews gab und einige im aktivistischen Netzwerk sie lasen, bekam ich oft gesagt, das sei ja alles schön und richtig, aber ich sei zu moderat, ich haue nicht richtig drauf auf die Mehrheitsgesellschaft. Ich sagte, ich würde auch lieber erst einmal beschreiben, was ich sehe oder für möglich halte und hätte auch Teile der sogenannten Mehrheitsgesellschaft gerne in meiner Mannschaft, trotz aller Gegensätzlichkeiten, wenn ich etwas in einer Stadt aufbauen will. Viele waren der Meinung, es ging nur das eine oder das andere.

Das war der Moment, in dem ich verstand, dass ich mit meinem Ansatz der sanften Radikalität nach Verbündeten in anderen Bereichen der Gesellschaft suchen musste. Die Aktivisten für Minderheitenrechte waren im Wutmodus. Wut war sozialmedial eine dankbare Währung, viele schrieben in den zehn Jahren, in denen ich das Interkulturelle Zentrum aufbaute, ihre soliden Wutbücher. In einigen dieser Bücher ging es um Wissen, das man in den USA in Proseminaren vermittelt bekommt, nicht um dessen Übersetzung für Deutschland; so kam es, dass plötzlich offene Teile der sogenannten Mehrheitsgesellschaft diese Konzepte kannten und glaubten. Die deutsche Geschichte der Diskriminierung und des Rassismus wurde naturgemäß immer unsichtbarer, je abstrakter die Konzepte dazu wurden. Der medial besprochene Rassismus sprach zwar viel über Hautfarbe, einen echten Diskurs darüber, wie wir besser mit den Menschen umgehen können, die 2015 zu uns kamen und die viele als Ausrede für einen Backlash benutzten, gab es nicht. Es ging um Repräsentation in den Medien, um Feigenblattdasein und Erfolg. Mag sein, ich empfand in einigen Momenten auch Neid darüber, dass es möglich war, den Identitätskampf medial so zu führen, als könne man in einer Demokratie etwas erreichen, wenn man in den Wutmodus schaltet und jene anschreit, die man für verantwortlich hält. Es sind aber nicht alle in der Mehrheitsgesellschaft gleich verantwortlich, auch hier gibt es jene, die in diesem System mit Schwierigkeiten zu kämpfen haben. Wut war nicht der Modus, in dem ich agieren wollte. Wut, im Sinne eines verletzten Gerechtigkeitsempfindens, war eine enge Beraterin, sie zeigte mir, wo Missstände herrschten, wo diese Demokratie Versprechen gegeben hatte, die sie nicht einhielt, was dazu führte, dass sich Enttäuschte gegen sie wendeten. Ich hatte nicht vor, über die Wut hinwegzusehen, aber ich öffnete Twitter und wusste, diese Art der Radikalität, die Menschen nur in Markierungen liest, hat nichts mehr mit den traditionellen Bürgerrechtskämpfen zu tun, weder in Deutschland noch in den USA, als Aktivisten Schulterschlüsse suchten, die soziologische Merkmale auflösten und so viele Bürger wie möglich hinter eine Sache brachten – was nun einmal Demokratie war. Wie war es zu diesem ständigen Gegeneinander gekommen? Kleinste Nuancen wurden gegeneinander gespielt und Menschen, die gestern noch in Ordnung waren, wurden plötzlich zum Feind des gemeinsamen Kampfes.

Erst als ich die Netflix-Doku »The Social Dilemma« sah, wurde mir anschaulich vor Augen geführt, dass diese Eskalationsspiralen kein Zufall waren: Die Aktivisten von heute hatten eine Agenda, doch wenn sie nicht lernten, sie zu drosseln, führten sie letztlich die Agenda der Algorithmen aus. Es gibt keine Identitätspolitik, entgegnen die meisten, wenn Vorwürfe gegen sie erhoben werden, der Begriff sei eine Erfindung von Rechtsaußen, um ihre Arbeit zu diskreditieren. In Teilen stimmt das, doch in Teilen waren sie es selbst, die den Dynamiken der Algorithmen nicht widerstehen konnten und das Bild von sich selbst in die Welt brachten. »Pick your fights« war ein Rat, den die meisten nicht beherzigten. In »The Social Dilemma« beschreiben Programmierer und Aussteiger aus Silicon Valley, wie Soziale Medien unser Verhalten steuern, wie das Design die Sucht fördert und schließlich Algorithmen nur noch jene Dinge ins eigene Sichtfeld spielen, die eigene Positionen verstärken, bis man aus der eigenen Blase heraus für die anderen Blasen, mit denen man lange keine Berührungspunkte mehr hat, nur noch Verachtung hegt. Einer der Aussteiger erzählte, es sei ihm klar geworden, dass demokratische Gesellschaften in bürgerkriegsähnlichen Zuständen landen werden, wenn die Hauptquelle für Informationen die Sozialen Medien werden.

Ich erlebte das in Heidelberg, ich arbeitete hier mit der Stadtgesellschaft zusammen und natürlich kamen auch hier Bürgerinnen und Bürger, die Meinungen vertraten, die einen Shitstorm auf Twitter auslösen würden. Als ich etwa zu Beginn Alice Bota, Journalistin der *Zeit*, eingeladen hatte, erzählte sie auf der Bühne, wie sehr sie es vermisst habe, als Kind auch in der Schule mit der polnischen Sprache und Kultur in Berührung zu kommen. Es ging um Mehrsprachigkeit und die Möglichkeit, dass in deutschen Schulen die Herkunftskultur der Schulkinder mehr Raum bekäme, nicht einfach verschwinden würde. Ein älteres Pärchen stand nach der Veranstaltung besorgt zusammen und beriet darüber, wie das gehen solle, wenn in deutschen Schulen kein Deutsch unterrichtet würde und es ja nicht Aufgabe der deutschen Schulen sei, andere Sprachen zu pflegen. Ein Satz einer erfolgreichen Vorzeigeintegrierten reichte, um diese Irritationen bei einem Paar auszulösen. Im Netz wären sie gleich beschimpft worden, ich wusste aber auch, dass die beiden in ihrer freien Zeit Geflüchteten halfen, hier anzukommen, sie waren engagiert und in verschiedenen Projekten tätig. Die Kehrseite des Netzes ist, dass es die Körperlichkeit der Menschen nicht wiedergibt, sondern nur eine Meinung von möglicherweise vielen, die einem Ich an einem Tag durch den Kopf gehen.

Ein Mann, der mich zu Beginn des Projekts beschimpft hatte, ich würde hier doch eine Migrantenschrotthalde gründen, kam immer wieder zu den Veranstaltungen und wurde am Ende einer der Unterstützer des Projekts. Im Sinne des Streits der Aktivisten hätte ich ihn einfach als Rassisten bezeichnen und meine eigene Überlegenheit fühlen lassen können. Ich hatte mich für ein leises »Ich zeig's dir« entschieden, die Möglichkeit, ihn über die Jahre auf meine Seite zu ziehen, gab es immerhin. Es ist nicht schwierig, die Leute zu belehren, ihnen proseminarartige Vorträge zu halten, weshalb sie rassistisch sind und letztlich nicht demokratisch. Ich fürchte nur, die meisten Bürgerinnen und Bürger sind mit ihren eigenen Alltagssorgen und Routinen so beschäftigt, dass Selbstreflexionen zugunsten gesellschaftlicher Fragen nicht an erster Stelle stehen können, und solche Vorträge lösen auch Abwehr aus. In einer Demokratie sind sie auch nicht verpflichtet, jeden zu verstehen oder für jeden Empathie aufzubringen, selbst wenn es selbstbewusste Forderungen in Sachen »Bürgerpflichten« gibt, so ist diese Pflicht keine im klassischen Sinn. Jeder hat das Recht, sich nicht interessieren zu müssen, auch wenn das für eine Demokratie gravierende Folgen hat. Wie könnte man sie ins Interesse hineinlocken? Gibt es Wege, Bürgern Lernräume zu eröffnen, ohne dies ständig unter Labels zu setzen, die ohnehin emotional stark aufgeladen sind? Ich versuchte also zu lernen, die Freiheitsräume der anderen zu respektieren, ohne den Glauben an einen Wandel zu verlieren. Es könnte nur gelingen, wenn meine alltägliche Arbeit viele Bürger dazu bringt, den Themen, die mir wichtig erscheinen, Aufmerksamkeit zu schenken und dabei Neues über diese Themen zu lernen, im besten Fall Unerwartetes. Mein Ziel war es, das Lernen und Begegnen jenseits der Empörungsdynamiken stattfinden zu lassen, die im Netz schrille Thesen und den grellen Aufschrei belohnten, weil der Preis dafür die Polarisierung war, die Algorithmen vorantrieben. Auch Talkshows funktionierten letztlich oft nach diesem Prinzip. Wie ließ sich Entweder-Oder-Denken umgehen und in mehr Fragen ein Sowohl-Als-Auch zu ermöglichen, ohne dabei in Stagnation zu verfallen? Demokratische Werte bedeuten eben auch, das auszuhalten, was man ablehnt. Es wurde zu meiner Form der Radikalität, in der alltäglichen Arbeit nicht unversöhnlich zu werden, wenn solche Aussagen wie die mit der Migrantenschrotthalde fielen, sondern gerade jene, die solche Vorbehalte hatten, anzusprechen, weil sonst ein Projekt, das ich aufbauen wollte, um einen Raum für Verständigung und Gleichzeitigkeit von Differenzen zu schaffen, sofort in ein »Wir gegen Die« mutieren würde. »The Social Dilemma« machte mir bewusst, wie schnell Gesellschaften der digitalen Dynamiken wegen in bürgerkriegsähnliche Stimmungen verfallen, wie im Handumdrehen ein Gegenüber zum Gegner wird. Diese Diskursverhärtung kann im analogen Bereich leichter bekämpft werden, weil wir mit einem Menschen, der vor uns steht, nicht so leicht fertig werden wie mit einem Meinungskonzentrat, das ein Mensch im Netz letztlich ist.

Ich habe selbst erlebt, wie schnell Menschen meinten, man sei rassistisch und ignoriere die Anliegen von Minderheiten. Es reichte, einmal zu sagen, dass Elke Heidenreich bei aller Kritik nicht das Feindbild sein kann, das Antirassisten angesichts des globalen Rechtsrucks zu bekämpfen haben. Es reichte, zu sagen, ich möchte gerne gefragt werden, woher ich komme, ich kenne aus meiner Arbeit in Projekten sogar viele Menschen, die es vermissen, danach gefragt zu werden, weil sie erzählen möchten, wer sie waren, bevor sie hier in der Rolle der

Fremden festhingen. Mir widerstrebte die pausenlose Schablonisierung untereinander, letztlich kam mir das Diskutieren irgendwann vor wie George W. Bushs »Are you with or against me?« Aktivisten hassen diesen Vergleich, sie könnten irgendwie sein wie Rechtsextreme und Identitäre, und er ist im Kern auch falsch. Natürlich kämpfen die einen um mehr Menschenrechte für marginalisierte Gruppen, die anderen um die Entmenschlichung marginalisierter Gruppen, dieser grundlegende intellektuelle Unterschied darf nicht wegdiskutiert werden. Die Art, wie in den letzten Jahren jedoch viele von denen, die sich für Minderheiten einsetzen, diskursiv ihre Themen vorbrachten, hat den Eindruck verstärkt, dass sich auch hier eine unversöhnliche Radikalität entwickelt, die dem demokratischen Miteinander nicht dienlich ist. Sowohl in den öffentlichen Diskussionen als auch in den Projekten, die ich durchführte, konnte ich diese Tendenz zunehmend erkennen. Es gab immer schneller den Vorwurf einer Art Kontaktschuld: Mit Menschen zu arbeiten, sie einzuladen, die sie für ihre Aussagen verurteilten, brachte einen in Sippenhaft. Alte weiße Männer sollten am besten ohnehin nicht und nirgends reden, wenn ich versuchte, sie einzubeziehen, schlicht, weil viele noch an den Schaltstellen der Macht sitzen und es darum geht, diese Hebel in Bewegung zu setzen, damit diese Einwanderungsgesellschaft gestaltet statt nur totdiskutiert werden kann, war man schon verdächtig. Es schien mir wichtig, sowohl die alte, eher homogene Mehrheitsgesellschaft in Deutschland einzubeziehen, als auch die diverser werdenden jüngeren Generationen und jene, die hier um ihren Aufenthaltsstatus kämpften. An schlechten Tagen fanden mich die Aktivisten zu weiß, die Rechten zu links und die Rechtsextremen zu offen für die Menschen, die 2015 nach Deutschland gekommen waren, also eine Gefahr für die Demokratie. Mir zeigte das nur, dass ich es geschafft hatte, innerhalb der Blasen eine kleine Schnittmenge zu kreieren, die bereit war, gemeinsam an den gegenwärtigen Problemen zu arbeiten – trotz aller Differenzen. Es war sicher nicht so angenehm und so bequem wie ein *Safe Space*, aber binnen zwei Jahren hatte ich die Stadtgesellschaft soweit auf der Seite, dass der Gemeinderat einstimmig entschied, Heidelberg sollte ein Interkulturelles Zentrum bekommen. Zudem hatte ich durch eine Kooperation mit der Ausländerbehörde und mit Hilfe der Unterstützung der Stadtspitze das neue Kulturzentrum gemeinsam mit der Zuwanderungsbehörde – ehemals Ausländerbehörde – unter ein Dach bringen können, so dass das Interkulturelle Zentrum eben nicht nur ein Verein wurde, den vier oder fünf Vereine dominierten, sondern es kam so, dass der Gemeinderat auf Vorschlag der Stadtverwaltung und des Ausländer- und Migrationsrats entschied, selbst Trägerin des Projekts zu werden. Es bedurfte zahlreicher Gespräche auf beiden Seiten, dass die Öffnung der Stadtverwaltung der richtige Weg war, um eine neue Struktur für die Einwanderungsgesellschaft zu errichten, an die Zukunft zu denken. Die Vertreter der Migrantenvereine mussten Vertrauen fassen, dass die Stadt wirklich ein vertrauensvoller Partner sein würde und nicht ihre Möglichkeiten zu Mitbestimmung wegdominieren würde. Das Interkulturelle Zentrum wurde im Rahmen des International Welcome Centers eine neue städtische Einrichtung, die Struktur sorgte für eine interkulturelle Öffnung in der Stadtverwaltung, statt das Thema an einen Trägerverein außerhalb zu delegieren.

Zwanzig Jahre hatten der Ausländermigrationsrat und viele Migrantenorganisationen vergeblich um ein solches Haus gekämpft. Mit dem Beschluss wurde es plötzlich ein Teil der Stadt und das Anliegen ein Thema mitten in der Stadtgesellschaft. Die wenigsten dachten, dass die Umsetzung des Projekts noch möglich sei. Neben der glücklichen Konstellation wohlwollender Akteure in der Stadt spielten auch die bundesweiten Entwicklungen dem erfolgreichen Verlauf zu: Als 2012 die Bundesregierung erkannte, dass es eine Willkommenskultur braucht, um als Standort international mithalten zu können, fing auch Heidelberg an, seinen Weg zu gehen. Ich durfte diesen Weg mitgestalten, suchen, moderieren und konzipieren. Je praktischer ich arbeitete, desto klarer wurde mir, dass diese großen Teile der Diskurse der Praxis nichts bringen werden, denn kein Gemeinderat wird einstimmig Geld für ein Projekt ausgeben, bei dem die Macherinnen vor allem die Mehrheit der Stadtgesellschaft anschreien und konstant darauf hinweisen, was sie schlecht machen. Der *Safe Space* war ein angenehmer Ort, aber er ist eine Nische, von der aus keine politischen Mehrheiten zu gewinnen sind. Antidiskriminierung war ein Thema, mit dem man sein

Recht notfalls einklagen kann, mich interessierte das, was sich in einer Gesellschaft weder einklagen noch einfordern ließ: die Offenheit, Zuwendung und Lernlust für eine vielfältige Gesellschaft. Ich suchte nach einem Weg, ich wollte dieses kurze Fenster der Offenheit, das sich 2012 für die Einwanderungsgesellschaft geöffnet hatte, nutzen, und es gelang mir in kurzer Zeit, mit Hilfe der engagierten Menschen in der Stadt das Projekt aus der Nische in die Mitte der Gesellschaft zu tragen. Ich hielt radikal an der Idee fest, man müsse Gesellschaft verändern, man müsse vielleicht nur mit anderen Mitteln vorgehen, mehr über demokratische Spielregeln lernen, vermeintlich mühseliges Kleinklein, doch nicht unwirksam. Deutschland braucht neue Strukturen für die Einwanderungsgesellschaft, doch damit die alten Diskurse abgelöst werden können, müssen neue Räume entstehen.

Je erfolgreicher ich mit dem Projekt wurde, desto intensiver suchte ich nach Lösungen, nach Umwegen, um Haltungen zu konfrontieren und Bürgern Lerngelegenheiten zu bieten, Momente und Begegnungen, durch die sie ihre festgefahrenen Meinungen hinterfragen konnten. Durch meine versöhnlichere Haltung hielten mich immer weniger Aktivsten für eine von ihnen, weil ich den wütenden Vorwurfsmodus nicht zu meinem machen wollte. Doch immer mehr Migranten in der Stadt bedankten sich dafür, dass es bei unserer Arbeit im Interkulturellen Zentrum um Inhalte gehe, statt nur um die Marginalisierung, und nicht nur darüber diskutiert wurde, was alles schieflief, ob nun bei der Mehr- oder

Minderheit. Ein alter Türke sagte mir einmal: Ich hatte immer den Eindruck, in deutschen Städten macht man nur was für uns, wenn man uns vorher die Beine abhackt, damit man uns Krücken geben darf. Ins Interkulturelle Zentrum können wir gehen, um zu zeigen, was wir können, wir können hierherkommen, auch wenn wir tanzen wollen, immer geht es um Inhalte, um das Lernen voneinander. Vielleicht war das der radikalste Entschluss in mir: Ich wollte mich nicht in der Redundanz vieler Aktivisten totlaufen, in der Jahr um Jahr die neuen Statistiken verlesen wurden, wo Migranten und Minderheiten noch immer unterrepräsentiert sind. Das mag stimmen, doch statt darüber zu reden, wie unterrepräsentiert Minderheiten sind, wollte ich präsentieren. Eine Frau, die mich für eine Fördereinrichtung besuchte, betonte skeptisch, bei uns im Haus sei ja alles so, als gäbe es mehr Lösungen als Probleme. Sie meinte, ich behaupte ja hier bereits die gelingende Einwanderungsgesellschaft. Ich korrigierte sie: Ich behaupte sie nicht, ich schaffe einen Raum, in dem sich das Gelingende, das sonst nicht so viel Öffentlichkeit erhält, zeigen darf. Dann sehe sie ja bei uns gar keinen Förderbedarf, schloss sie. Doch, entgegnete ich, es ist eines der Probleme in diesem Land, dass man nur Probleme fördert, statt auch das Gelingende durch Förderungen zu stärken, um es wachsen zu lassen.

Gerade die Ausländerpolitik war jahrzehntelang geprägt gewesen vom Defizit: Man definiert das Defizit der Ausländer, etwa die Sprache, strickt eine Maßnahme, etwa den Deutschkurs, und beantragt Mittel. Es wurde selten so gedacht, dass man sagte: Afghanische Mathematiklehrer sollten Kindern aus Afghanistan schnell Mathe beibringen, das Können weitergeben, überhaupt ist der Mangel an Vertrauen ins Gelingen eines der großen Probleme.

Doch nicht nur Geldgeber konnten mit der Lösungserzählung wenig anfangen. Je mehr es mir gelang, jenseits der Problemketten zu argumentieren und zu arbeiten, desto mehr nahmen manche Aktivisten mich als zu privilegiert wahr, um zu wissen, wie brutal Rassismus sein kann. Der Rassismusdiskurs war – wie bereits beschrieben – zu einem Gerangel geworden, manche sagten spöttisch Opferolympiade dazu und es stimmte. Deutsche Einwandererkinder der Gastarbeiterjahre fielen immer weiter zurück in der Olympiade. Polen, Jugos, Russlanddeutsche – das waren ja alles nur Weiße. Wieder wurde das Netz genutzt, um diese Hierarchien diskursiv zu etablieren. Es ist vermutlich ein klassisches Symptom jener, die in den Achtzigern und Neunzigern, als Mölln, Solingen und Hoyerswerda die Nachrichten dominierten, ihre Rassismuserfahrungen nicht öffentlich zu machen. Man wollte ihn nicht, den Blick auf die eigene Opferrolle, man wollte dazugehören. In diesem Sinn verstehe ich den Mut vieler Antirassismus-Aktivisten von heute, die ihre Opferrolle einfach in den Kampf tragen und so aus ihr herauswachsen. Es gibt jedoch – und an dieser Stelle haben ihre Kritiker leider Recht – den Moment der Selbstgefälligkeit, weil sie meinen, im Sinne der guten Sache zu handeln. So sehen sie ihre Dominanzen nicht ein und haben einen fast religiösen Glauben an die eigenen Setzungen. Dazu gehörte eben, dass weiße Minderheiten, auch wenn sie *People of Color* sind, nicht ganz so schwer von Rassismus betroffen sind.

Mit dem Beginn des Krieges in der Ukraine setzte jedoch öffentlich wieder ein Umdenken ein. Plötzlich kam diskursiv der antislawische Rassismus wieder durch. Auch Ukrainer, als Weiße, hatten den Holodomor überlebt, den Versuch der Russen, ihr Volk auszulöschen. In Deutschland gab es antislawischen Rassismus, der sich nicht nur in Klauwitzen über Polen zeigte oder in Spitznamen wie »Balkanratten« für Ex-Jugoslawen. Ijoma Mangold hob etwa in seinen Büchern hervor, dass seine schwarze Haut in seiner Kindheit kein Grund gewesen sei für Ausgrenzung, er war ein bürgerliches Kind, die Liebe zu den Büchern machte ihn vielleicht einsamer als seine Hautfarbe. Die meisten Gastarbeiterkinder sind jedoch früh im deutschen Schulsystem in die Selektionsfalle der Teilung zwischen Grund-, Haupt- und Realschule gefallen. Ein Raster, das selbst die UNESCO als kinderfeindlich und rassistisch beschrieb. In den Rassismusdiskursen, die von den USA geprägt sind und von postkolonialer Aufarbeitung, drohte das wegerzählt zu werden, schließlich waren die betroffenen Kinder in dieser Geschichte doch weiße Europäer, also Privilegierte. Der Begriff »privilegiert«, der vor allem die Hautfarbe meinte, aber über die kapitalistischen Bedingungen des menschlichen Daseins nichts sagte, wurde undifferenziert benutzt.

Wie weit vorangeschritten solche Diskurse sind,

zeigt sich auch seit dem 7. Oktober 2023 deutlich, als die Hamas ihre Gräueltaten in Israel verübte. Es ist einfach geworden, Juden zu privilegierten Weißen zu erklären, gegen die man einen gerechten Kampf zu kämpfen hat. Die berechtigte Kritik an Netanjahus Politik wird gerade in Deutschland, aber auch weltweit, schnell missbraucht, um Antisemitismus zu schüren: Jüdische Studenten werden aus deutschen Universitäten ausgeschlossen und bedroht. Das Problem ist, dass auch hier dieser Streit greift: Die Art des Streits um Identität basierte darauf, eine weiße privilegierte Klasse zu kreieren, in der – ohne weitere Präzisierung und Differenzierung – Menschen weißer Haut die Oberhand über die Weltgeschichte hatten. Die Kämpfe, die derzeit an den US-amerikanischen Universitäten ausgefochten werden, sind nur ein Symptom der diskursiven Verschiebungen der letzten Jahre. Im Moment wird Dekaninnen gekündigt, Studenten werden des Campus verwiesen, es zeigt sich, dass einerseits an den Unis eine Wissensvermittlung etabliert war, über deren Folgen sich die meisten nicht bewusst gewesen zu sein scheinen. Das geht über *Cancel Culture* und *Identitätskrieger* hinaus, es ist die Frage, wie man aus den Perspektiven der derzeit als *Globaler Süden* beschriebenen Regionen und dem bisher kanonisierten Wissen heraus einen Dialog führt. Da Deutschland seit vielen Jahren auch durch den Aktivismus diese Perspektiven in den Diskurs einbringt, wird auch hier zu fragen sein, wie ein Dialog zu führen ist.

In jedem Fall haben die Friedenskrisen der letzten zwei Jahre gezeigt, wie oberflächlich unser Streit war und wie radikal die Folgen des Vergessens sind. Die Ukrainer kämpfen heute um ihr Überleben, die koloniale Geschichte der Region wird erst jetzt diskursiv aufgearbeitet. Juden in Israel fühlen sich seit dem 7. Oktober nicht mehr sicher, Juden in Deutschland und weltweit sind seither vermehrt antisemitischer Gewalt ausgesetzt, die Menschen in Gaza sterben und verlieren alles, während Israel die Hamas bezwingen will, und auch hier wissen zu wenige, wie sie Solidarität mit den Opfern zeigen können.

Für Deutschland heißt diese Zäsur auch, Abschied zu nehmen von den Diskursen der letzten Jahre, in denen es auch in Deutschland fast gelang, wie der schon erwähnte jüdische Autor David Baddiel in seinem Buch schreibt, aus ihm einen alten Weißen zu machen, der privilegiert ist. Diskursiv wurde die Aufarbeitung des Holocaust überlagert durch den privilegienorientierten Diskurs. Auch die Rassismuserfahrungen der innereuropäischen Einwanderer wurden verdrängt. Wer etwa eine Medienanalyse in Sachen Berichterstattung über Einwanderung nach Deutschland seit den Gastarbeiteranwerbeabkommen macht, merkt schnell, dass damals »der Italiener« auf dieselbe Weise abgewertet und diskriminiert wurde wie später »die Türken« oder heute »die Geflüchteten«. Natürlich gibt es Überschneidungen, aber die Geschichte des deutschen Rassismus ist eine eigene, wie etwa Gilda Sahebi in ihrem Buch »Wie wir uns Rassismus beibringen« zeigt. In den USA gehen die Diskurse so weit, dass etwa der Publizist Ta-Nehisi Coates einen großen Essay im Magazin *The Altlantic* schrieb, in dem er Reparationsforderungen für die Nachfahren der Sklaven in den USA forderte und seine Forderung breit diskutiert wurde – aus guten Gründen.

In Deutschland hingegen gibt es wenige konkrete politische Forderungen, auch weil sich die Mobilisierung der Aktivisten oft in einem Copy-Paste-Modus vollzieht, der zwar Probleme anspricht, aber nicht an den Kern deutscher Ausgrenzungsmechanismen geht und somit an mögliche Kompensationen nicht denkt, geschweige denn an konkrete Erleichterungen. Wer fragt im Moment lautstark, wie die Millionen Gastarbeiter, die nun doch in Deutschland alt werden, in den Krankenhäusern ohne ihre Kinder zurechtkommen, wie sie ihre Fahrten in die erste Heimat im hohen Alter hinbekommen? Das bleibt eine Sache, die Eltern und Kinder in Einwandererfamilien weitgehend unter sich ausmachen. So wie in der Kindheit die Kinder für ihre Eltern zuständig waren, weil sie besser Deutsch konnten als ihre Eltern, sind diese Kinder auch als Erwachsene neben den normalen Herausforderungen, die das Älterwerden der eigenen Eltern mit sich bringt, noch Übersetzer, Dolmetscher, Alleinentscheider im Bürokratieirrsinn. Es ist kein Zufall, dass es in den letzten Jahren im Rahmen der Identitätsdebatten im deutschen Fernsehen eine Sondersendung zum Wording gab, wie man Sinti und Roma bezeichnen darf, aber kaum ein Aufschrei zu hören war, wenn das Bundesinnenministerium anordnete, Sinti und Roma abzuschieben.

Das war einer der vielen Momente, der in mir eine

kognitive Dissonanz ausgelöst hat und mir zeigte, dass etwas nicht stimmt mit den emanzipatorischen Bewegungen hier, mit deren Zielen ich zu Beginn sympathisiert hatte. Viele waren laut, forderten mehr Repräsentation in Verwaltungen und den Medien. Ich hielt das für richtig, weil ich darin ein demokratisches Vorhaben sah, den Versuch, mehr Menschen einzubeziehen in demokratische Strukturen und Prozesse – bis ich mit der Zeit erlebte, wie es leider auch darum ging, andere auszuschließen, weil sie, je nach zugeschriebener Markierung, angeblich privilegiert waren. »Ich bin diskriminierter als DU!«, das ist ungefähr so ernst zu nehmen wie Monty Pythons Volksfront von Judäa und Judäische Volksfront, der Spott setzt schnell ein und noch schneller gelingt es rechten Kräften, aus dieser Selbstreferentialität Kapital zu schlagen und zu behaupten, niemand interessiere sich für die Abgehängten in dieser Gesellschaft, weil man ja nur über spezifische Probleme von Minderheiten rede.

Es wäre Zeit, diese Art Streit aus den Empörungsspiralen zu befreien und neue Wege der Auseinandersetzung zu suchen. In den letzten Monaten ist allerdings die Art der Auseinandersetzung noch unerbittlicher geworden, der Nahost-Experte Gilles Kepel vertritt sogar die Ansicht, es gäbe nach dem 7. Oktober eine »neue moralische Weltordnung«. Er meint, der postkoloniale Kampf ersetze das »Nie Wieder«. An den Universitäten in den USA tun sich diese Differenzen bereits auf, wobei hier auch Unterschiede zwischen den Geisteswissenschaften und den naturwissenschaftlichen Fächern deutlich zutage treten, Letztere schrieben nach den Protesten offene Briefe, in denen sie eine Herstellung der Ordnung auf dem Campus forderten. Auf dem diesjährigen *European Song Contest* wurde Greta Thunberg von der Polizei abgeführt, weil sie gemeinsam mit vielen pro-palästinensischen Demonstrierenden gegen die Teilnahme der israelischen Kandidatin Eden Golan auf die Straße ging, als müsse eine Künstlerin in Sippenhaft für ihr Land. Über den Nahen Osten wird erbittert gestritten, die Weltgemeinschaft zu Recht angeklagt, dass zu viele Menschen in Gaza sterben und Kinder leiden, gleichzeitig erhalten die Karabach-Armenier kaum Empathie.

Die globalen Konflikte lösen in einer pluralen Demokratie natürlich Diskussionen aus, in denen auch Betroffene mitreden und für ihre Perspektive werben werden. Die Diskurskompetenz aller sollte gestärkt werden, mit den Reflexen der letzten Jahre werden wir den Krisen jedoch nicht gerecht werden können. Es braucht eine Diskussionskultur um das Thema Identität, die über Streitreflexe hinausgeht, die Fähigkeit, nicht nur das Label wie »Woke« oder »Anti-Woke« anzuheften oder eben Kritiker sofort rechtsaußen zu verorten. Die Herausforderung besteht darin, genauer hinzusehen, nicht in Freund-Feind-Lagern zu denken und zu argumentieren, auch wenn viele Diskussionen derzeit den Eindruck erwecken, die Gesellschaft sei bei vielen Themen gespalten. Innerhalb der vermeintlichen Spaltung finden sich zahlreiche Nuancen, innerhalb vermeintlich homogener Gruppen findet sich nach wie vor eine Vielzahl an Meinungen. Diese aus dem Streit, der wirkt, als hätte ihn ein Twitter-Algorithmus geschaffen, wieder herauszudenken hin zu einer Diskussion, die eine Vielzahl von Perspektiven ertragen kann, das ist die demokratische Aufgabe der Zukunft. Dabei hilft es nicht, sich in seiner Radikalität von seiner Blase oder wie es früher hieß, *peer-group*, bestätigen zu lassen; was hilft, ist sich in Frage zu stellen und trotzdem die demokratischen Werte nicht in Frage zu stellen, sie in jeder Diskussion aufs Neue hin zu überprüfen und eine Antwort zu suchen, die der Problemlage zumindest vorübergehend gerecht werden könnte.

Es wird neue Begriffe und Haltungen brauchen, um diese Offenheit im Diskurs auszuhalten. Die letzten Jahrzehnte waren geprägt von einem binären Denken: hier die Mehrheitsgesellschaft, dort die Eingewanderten. Einige sagen postmigrantische Gesellschaft zu unserer Art Gesellschaft, die maßgeblich auch von Migration geprägt ist. Ich vermeide diesen Begriff, da er leicht Missverständnisse erzeugt, da historisch gesehen Migration eher ein Normalzustand war und Gesellschaften immer auch durch Migration geprägt waren, selbst in den Phasen, die manche für homogener erachten. Gleichzeitig möchte ich mit solchen Begriffen, deren akademische Bedeutung nicht vielen geläufig ist, nicht für falsche Bilder sorgen: Nach wie vor hat der Großteil der Menschheit nie ihr Geburtsland verlassen. Nur 3,6 Prozent der Weltbevölkerung lebte im Jahr 2020 außerhalb des Landes, in dem sie geboren wurden – und doch verändern sich die Städte in einer Geschwindigkeit, mit der viele

Bürgerinnen nicht zurecht zu kommen scheinen. Gerade die Städte werden entscheiden, wie erfolgreich ein Land mit seinen Veränderungen wird umgehen können, das zeigte sich nicht nur 2015, als einzelne Städte öffentlich darum baten, mehr Geflüchtete aufnehmen zu dürfen, weil sie eben in der Lage dazu seien. Gleichzeitig entscheiden oft ländliche Regionen, die mit der diversen Lebensrealität nicht konfrontiert sind, dass sie das Leben in Städten für ihr Land nicht erstrebenswert finden – es wird also auch um die Vernetzung zwischen Stadt und Land gehen, um die Frage, wie sich Wissen transferieren ließe.

Ich habe in Heidelberg im Kleinen ausprobieren dürfen, wie in einer sehr diversen Stadt mit solchen Veränderungen umgegangen werden kann. In Zahlen gemessen ist Heidelberg diverser als Berlin oder Stuttgart, es leben mehr Menschen mit Migrationsgeschichte in dieser Universitätsstadt – gleichzeitig ist die Zusammensetzung atypisch für deutsche Städte, wie die Sinus-Studie feststellte. In Heidelberg ist die Normalisierung der Stadtgesellschaft hin zu einer Einwanderungsgesellschaft eher vergleichbar mit einer Stadt wie Toronto. Ich hielt das für eine Chance, gerade in Deutschland einmal rhetorisch wegzukommen von den Bürden der Achtziger Jahre und neue Wege zu gehen. Wie gelingt es, eine Stadt zu verändern, so wie Benjamin Barber es in seinem Buch »If Mayors Ruled the World« dargelegt hatte? Die Zellen des Gelingens in einer Demokratie waren nicht die Wahltage alle vier Jahre und auch nicht die großen Entscheidungen der Bundesregierungen, sondern die Gabe der kleineren demokratischen Einheiten, die eigenen Probleme zu erkennen und passgenau auf die Stadtbevölkerung zu reagieren, Vorschläge zu machen. Für Einwanderer wie für hier Geborene ging es darum, einen Ort jenseits von Nostalgie zu schaffen, einen Ort des Jetzt. Meine Radikalität bestand dabei von Beginn an in der Überzeugung, dass sich etwas ändern musste, es nicht bleiben durfte, wie es war – schließlich hatten Minderheiten trotz ihrer großen Zahl über zwei Jahrzehnte einen solchen Ort der Begegnung und des interkulturellen Austauschs gefordert und ihn nicht bekommen. Gleichzeitig wollte ich einen Weg finden, wie an diesem Ort ein friedliches Zusammenleben möglich sein könnte, trotz aller gegensätzlicher Positionen, Erfahrungen und Erwartungen, die es in einer Demokratie geben kann. Der Wutausbruch, der mir vertraut war, so wie vielen Menschen mit Minderheitenerfahrung, wich durch die jahrelange Konfrontation mit der Vielzahl an Perspektiven und der Arbeit dem Versuch, anderen – auch verletzenden – Perspektiven mit Neugier und Mitgefühl zu begegnen, auch dort, wo sie meine Perspektive in Frage stellten, gerade dort. Das heißt nicht, dass es nicht oft schmerzhaft werden konnte, wenn ich den Eindruck hatte, es kann nicht gelingen, es bleibt Utopie. Ich war aber zu keinem Moment bereit, nicht mehr an der Idee festzuhalten, ich schrie nur niemanden mehr an, ich hielt es auch für falsch, das gegenseitige Belehren zum Hauptthema dessen zu machen, was in so einem Ort stattfinden sollte.

Ich wollte Veränderung, verstand nur allmählich,

was es bedeutete, wenn es heißt, in einer Demokratie braucht es Mehrheiten. Natürlich kann man die Mehrheit beschimpfen, den Applaus von den Gleichgesinnten hat man sicher – die politische Mehrheit in den zentralen Gremien und Räten vermutlich eher selten. Sanfte Radikalität nannte ich mein stilles, aber beharrliches Arbeiten an einem Wandel in meiner Stadt vor Ort. Nicht die großen Schrauben drehen, sondern den Alltag der Menschen, die mich umgaben und das Leben in meiner Stadt gestalteten – oder noch nicht gestalteten und von mir eingeladen wurden, es plötzlich zu tun. Um die Idee eines solchen Hauses umzusetzen, brachte es nichts, meine Rechthaberei und Provokation sozialmedial zu verkaufen. Der Show-Streit, mit dem ich Aufmerksamkeit auf meine schrillen Thesen gezogen hätte, hätte einem Projekt, das Menschen zusammenbringen will, nur geschadet. Ich zog mich zurück von diesem Streit, weil ich merkte, wie viele laute Vertreter von Minderheiten ihn nur als Selbstzweck suchen. Ich suchte in jenem Moment das Gegenteil: einen Ort, der analog sein durfte, der nicht den Skandal suchte, um zu behaupten, man verändere das Bewusstsein, ich wollte Strukturen aufbauen, etwas Bleibenderes als einen Hashtag. Ich spürte schnell, wie gut sich die demokratischen Instrumente für demokratische Ideen nutzen ließen, wie oft es gar nicht die Minderheitenerfahrung war, die Schuld daran war, dass etwas nicht gelang, sondern dass es eine Unkenntnis vieler Bürgerinnen und Bürger über die Möglichkeiten gibt, die eine demokratische Stadt ihnen bietet. Ich erkannte, dass es manchmal Ausländerhass war, ja, aber manchmal auch die Beharrungskräfte von starren, alten Systemen, die allem Neuen mit Skepsis begegneten. Natürlich kommt zu diesen Schwierigkeiten immer auch Diskriminierung hinzu, sobald die Themen von Minderheiten gespielt werden, gleichzeitig sah ich, wie viele nicht vorankamen in den Städten, und diese Verallgemeinerung befreite mich im besten Sinn von der Idee, dass alles Diverse nicht gewollt war. Es war die Verinnerlichung des Gedankens, nicht gewollt zu sein, nicht dazuzugehören, die in vielen Menschen mit Migrationsgeschichte eine Passivität hervorrief, die manchmal depressiv wirkte, manchmal aggressiv. Viele Einwanderer waren jedoch dankbar, als man ihnen die Möglichkeiten zeigte, die Spielregeln der Demokratie für die eigenen Anliegen zu nutzen. Es war mit einem Mal auch so, als sei mein eigener Kopf nicht mehr in der Lage, nur in der Opferrolle und Wut auf das *Othering* zu verharren, als wäre die Erfahrung, dass Wandel möglich ist, sofern man die Mathematik des demokratischen Handelns beherrscht, ein Moment, der mich von einer zugeschriebenen Geschichte befreite. Ich hatte den Wunsch, diese Kraft zu nutzen für etwas Konstruktiveres als nur digitale Aufmerksamkeit – das Digitale und der Buchmarkt waren der Ort, an dem sich diese Debatten abspielten, aber selten Wirkung im Analogen zeigten. Wie wäre es, stattdessen die Aufmerksamkeit auf das Aufbauen des Gemeinsamen statt auf das Zersetzen des Gegensätzlichen zu richten, fragte ich mich, und es gelang mir mit Hilfe der Stadtgesellschaft, in nur zwei Jahren ein Projekt umzusetzen, das zwanzig Jahre als politischer Spielball nur Wut und Blockaden erzeugt hatte.

Der Ort, den ich schaffen durfte, ist ein Haus für interkulturelle Vielfalt, das mit der Ausländerbehörde unter einem Dach ist – ein Neubeginn für eine Stadt, sowohl die administrativen als auch die kulturellen Aspekte einer Einwanderungsgesellschaft von Beginn an als Ressource zu erachten, statt als Problemfaktor. Die damalige Leiterin der Ausländerbehörde war selbst Pionierin im Umbau ihrer Behörde von einer Abschreckungsbehörde hin zu einer, in der Willkommenskultur gelebt werden sollte. Es gelang uns gemeinsam mit den Bürgermeistern, den Vereinen und vielen anderen Menschen in der Stadt, eine neue kommunale Struktur für die Einwanderungsgesellschaft zu schaffen. Nach etwas über zwei Jahren gab es den politischen Beschluss, im Anschluss wurde die Immobilie fertiggestellt, um die gebrauchten Nutzungen zu ermöglichen, doch das Wichtigste waren die Menschen, die durch die Zusammenarbeit in dieser Zeit lernten, wie sich eine Stadt verändern lässt, wie man Bündnispartner findet, wie man Parteien auf die eigene Seite bringt. Viele der Menschen, die mit dem Haus ihre Aktivitäten professionalisiert haben, sind Jahr um Jahr mitgewachsen, haben ihre Projekte in andere Stadtteile getragen, sind in den Gemeinderat eingezogen, eine hat sogar als Oberbürgermeisterin kandidiert. Zu Beginn waren es Vereine, die klassisch in Bindestrichen zwischen ihrer Herkunftskultur und Deutschland dachten, deutsch-iranisch, deutsch-italienisch usw. Mit der Zeit lernten sie, auf die Gegenwart hin zu arbeiten, interkulturellen Austausch zu pflegen und gleichzeitig Gegenwart zu schaffen und die Stadt zu verändern. Im Netz gab es unterdessen Diskussionen, ob ich Elke Heidenreich verteidigen dürfe oder ob ich dann schon rassistisch sei, etwa weil ich »Woher kommst du?« keine rassistische Frage per se finde, sondern vielmehr eine, die in einigen Kontexten für eine echte Einwanderungsgesellschaft durchaus von Relevanz sein kann, wenn sie etwas über sich selbst erfahren will und die Vielheit ihrer Einflüsse nutzen will, um kulturell fortschrittlicher zu sein, weil sich aus vielen Einflüssen oft inspirierende gedankliche und künstlerische Kreuzungen ergeben. Während auf Twitter der Streit lebte, durfte ich den demokratischen Streit mitgestalten, das Ringen um politische Mehrheiten, das Überzeugen einer Stadtbevölkerung, dass sie nicht nur kleine Zuwendungen an Vereine gibt, sondern den größeren Wurf wagt, nämlich das Thema als kommunales Thema zum eigenen Projekt zu machen, weil es die Städte von morgen betrifft und Kommunen vorbereitet sein sollten. Mit sanfter Radikalität hatte ich dieses Projekt begleiten und Menschen dafür begeistern dürfen. Ich behielt mein Ziel vor Augen, ich schwieg manchmal, wo ein Gegenschlag auf der Zunge lag, er aber das größere Ziel für alle gefährdete.

Ich muss zugeben, Angela Merkels Humor hat mir in dieser Bemühung, den Streit auszuhalten, oft den Weg gewiesen. Ich werde nie vergessen, wie sie auf Veranstaltungen gefilmt wurde, auf denen Besucher sie mit den krudesten Thesen über die Demokratie konfrontierten und sie sinngemäß sehr gelassen antwortete: Sie können das ja gerne so sehen, dafür leben wir ja in einer Demokratie. Ich lasse mir aber dadurch nicht nehmen, wie ich es sehe und das möchte ich nun kurz schildern. Ohne ihre Art, diese gesellschaftlichen Fragen als Kanzlerin eben nicht in der gewohnt polemischen Art ihrer Vorgänger und Nachfolger zu artikulieren, hätte ich vermutlich nur schwer die Motivation gefunden, mich überhaupt mit so viel Zeit und Kraft einzubringen in diese demokratischen Prozesse. Ein Land braucht an seiner Spitze Vorbilder. Merkel hat sicher auch viele Fehler gemacht, die in den letzten Jahren viel diskutiert wurden, aber ihre innenpolitische Haltung als Kanzlerin im Umgang mit der Einwanderungsgesellschaft war eine Haltung, die für mich an der Spitze den Beginn des Wandels verkörperte, den dieses Land, in dem jeder Vierte eine Einwanderungsgeschichte hat, nötig hatte und hat. Ihre Fähigkeit, das in ihrer Partei durchzusetzen, war ein Teil meiner Motivation all die Jahre über – so wie viele andere, die ich als engagiert erlebt habe und von denen ich lernen durfte – im Inland wie Ausland. Wer diese Öffnung des Diskurses nun nach ihrer Amtszeit einreißen möchte, der zerstört natürlich nicht nur das Erbe der Alt-Kanzlerin, es geht um die Arbeit, die viele Menschen jahrzehntelang eingebracht haben. Sie werden das auch weiterhin tun, zu selten fällt das Licht auf die Millionen Menschen, die allen Debatten zum Trotz die Normalisierung des Einwanderungslandes ermöglichen und den Alltag vor Ort meistern. Es ist mein Wunsch, mit diesem Buch auch daran zu erinnern, dass

Zusammenleben leichter sein könnte, und erst dann auf konstruktive Art möglich wird, wenn die Fragen der Einwanderungsgesellschaft politisch auch als Chance behandelt werden, statt als Gefahr.

Self-Esteem

And of course I am afraid, because the transformation of silence into language and action is an act of self-revelation and that always seems fraught with danger.
Audre Lorde

Dieses Kapitel ist nicht einfach für mich zu schreiben, weil ich grundsätzlich gegen den penetranten Trend zur Selbstoptimierung bin, den viele Menschen in meiner Generation und jünger sich zu eigen gemacht haben. Die Coaches und Lebenstipps auf Instagram empfinde ich meist als Zumutung, ebenso das vermeintliche Gegenteil davon: die Kommerzialisierung des Themas »Vulnerability«. Zeigt her eure Verletzlichkeit! Erst mit eurer Verletzlichkeit seid ihr menschlich, heißt es dann, seid nahbar, erst dann seid ihr Influencer, die ihren Followern etwas verkaufen können – und sei es die eigene Menschlichkeit. Es ist schwierig in diesen Zeiten, nicht an die Optimierung zu denken, Hauptsache, das optimierte Ich ist eine »Story«, die man verkaufen kann, die berühren soll, weil sie so verwertet und kapitalisierbar wird. In diesem Sinn der Selbstoptimierung möchte ich dieses letzte Kapitel nicht verstanden wissen. Ich weiß nicht, ob ich in irgendeinem Sinne besser geworden bin oder nur anders, ob ich nicht jenseits von dieser Arbeit im öffentlichen Raum viel wertvollere Lebenserfahrungen hätte machen können, die mich geprägt hätten – aber ich habe mich eben für diesen Raum entschieden, für große Schnittmengen mit dem Leben anderer, mir oft unbekannter Menschen, für öffentliche Debatten und Zivilgesellschaft. Was ich hier möchte, ist einige Erfahrungen – soweit dies möglich ist – zu teilen, damit es nicht den Eindruck erweckt, die letzten Jahre und das daraus Entstandene seien eine schlichte Kette an Erfolgsgeschichten, als wäre Wandel irgendwie einfach, gerade jetzt, da angesichts der Krisen und Kriege und der Komplexität der Debatten viele Bürger keine Kraft mehr finden, sich über ihren eigenen Alltag hinaus einzubringen. Es gibt keinen Hochglanzaktivismus, auch wenn die Sozialen Medien mit ihrer großen Bildwucht die letzten Jahre über dem Ganzen einen popkulturellen Anstrich verliehen haben.

Es gibt bei Max Frisch einen Gedanken über das Ich in schwierigen Zeiten, der sich zunächst liest, als gehöre er in eine bestimmte Zeit, für mich ist er jedoch allgemeingültig, auch jetzt wieder:

> Manchmal scheint auch mir jedes Buch, so es nicht befasst ist mit der Verhinderung des Kriegs, mit der Schaffung einer besseren Gesellschaft und so weiter, sinnlos, müßig, unverantwortlich, langweilig, nicht wert, dass man es liest, unstatthaft. Es ist nicht die Zeit für Ich-Geschichten. Und doch voll-

zieht sich das menschliche Leben oder verfehlt sich am einzelnen Ich, nirgends sonst.

Das Nachdenken über das Ich ist in Zeiten, in denen man es vorwiegend optimieren möchte, nach Aktivitäten in Hirnarealen zur Optimierung sucht, nicht einfach. Ich suche Anregungen für den Umgang mit dem sogenannten Ich seit jeher lieber bei den Stoikern als bei Coaches, bei Michel de Montaigne, Augustinus. Oder ich lese Texte und Interviews von Menschen, die etwas in ihrem Leben erreicht haben, das mich fasziniert und inspiriert, das über sie hinausweist, gerade weil es etwas Eindrucksvolles ist. Wer sich mit gesellschaftlichem Wandel beschäftigt, wird lernen müssen, sich mit dem Ich zu beschäftigen, weil dieses Ich sich dem Ganzen zumutet und man seinem Ich auch das Außen zumutet. Es ist kein Zufall, dass immer mehr Menschen sich keine Nachrichten ansehen möchten, das Streiten in einer Demokratie vermeiden und sich um ihr kleines, privates Glück kümmern wollen. Wer sich einbringt, wird eingefordert, oft in Dimensionen, die man im Voraus nicht immer kommen sieht. Im Innen wie im Außen mit Unfertigkeiten und Prozessen umgehen zu lernen scheint mir unverzichtbar für alle, die sich einbringen wollen. Damit meine ich nicht das Selbst-Management, die sogenannte »Selbst-Regulation«, für die es Handwerk von Atem- bis Entspannungstechniken gibt. Ich meine den seelischen und geistigen Umgang mit der Wechselwirkung von Innen und Außen. Als ich die Bücher von Gloria Steinem las, verstand ich etwas über die Sanftheit, die ich mir erhalten möchte, auch wenn man im öffentlichen Raum Erfahrungen macht, auf die man im ersten Moment fast instinktiv mit Härte reagieren würde, die einen selbst schützt. In diesem Sinn ist Verletzlichkeit tatsächlich wichtig für mich. Ich meine nur nicht jene, die ich auf Instagram für meine Glaubwürdigkeit zum Reel und somit zu kulturellem Kapital machen muss, gut verdaulich meist. Ich meine die Zumutung, die diese Arbeit auch bedeutet, die Verletzlichkeit, die aus der eigenen Hilflosigkeit heraus entsteht, zu wissen, man kann meistens, ganz gleich wie hart man arbeitet, nur Kieselsteine versetzen, nicht Berge. Man spürt daher auch – trotz aller Mühe –, wie leicht es Gegnern der Idee fallen wird, diese Kieselsteine wieder wegzutragen, sollten sie die Mehrheit haben. Demokratie als fortwährender Kampf der Kräfte, wenn man einmal in diesem Kraftfeld stand, spürt man einerseits die derzeit so gerne beschriebene Selbstwirksamkeit, aber man spürt auch die Kraft der Fremdeinwirkungen. Es ist illusorisch, in Workshops für Demokraten nur von der Selbstwirksamkeit zu erzählen, da ist immer auch die Ohnmacht, die Hilflosigkeit, das, was man schlicht unter dem Konzept »Rollback« zusammenfasst. Das brutalste Konzept dieser Art ist für mich die Vorstellung, manche arbeiten daran, alle Menschen, die hier eingewandert sind, die zur Normalisierung der Einwanderungsgesellschaft beigetragen haben, wieder des Landes zu verweisen, ich möchte den rechten Begriff dafür nicht hier wiederholen, aber alle werden sich an das Geheimtreffen in Potsdam erinnern und welche Pläne dort besprochen wurden.

Aus anfangs großen Ideen für Veränderungen werden durch einen politischen Prozess oft peinlich kleine Verschiebungen, aber vielleicht ist diese Entschleunigung auch richtig für eine Demokratie. Da ist eine Verletzlichkeit, der man plötzlich ausgesetzt ist, weil man sieht, dass andere einen hassen können für das, was man aus ihrer Sicht darstellt, oder für die Gesellschaftsform, für die man kämpft. Da ist die Scham, die man empfindet, weil der Blick auf das eigene Tun oft herablassend ist. Auch wenn man innerlich weiß, welcher Wert in der eigenen Arbeit liegt und mit welcher Intention man sie ausübt, man wird Momente ertragen müssen, diese Arbeit mit den Augen der anderen zu sehen. Das war nicht nur 2015 so, als man für Arbeit mit Geflüchteten Morddrohungen erhalten konnte, dieser Blick auf Menschen, die sich für den Wandel einsetzen, gehört zum demokratischen Alltag fast jedes Menschen, der sich in einer Demokratie für das Gemeinwesen einbringt. Sich selbst mit den Augen der anderen zu sehen, ist keine einfache Erfahrung, manche nennen es Öffentlichkeit, doch es braucht keine große Öffentlichkeit, um die Feindseligkeit zu erfahren, Letztere wächst eben nur mit einer wachsenden Öffentlichkeit. Einer der erlösenden Momente ist die Erkenntnis, wenn man zurückblickt. Der Blick der Gegner ist nicht absolut, man sieht sie im selben Moment ja auch, man sieht manchmal die Angst vor dem Wandel, manchmal sieht man eine geistige Enge, andere Male sieht man dieselbe Enge in sich selbst. Niemand ist in alle Richtungen offen und bereit zu lernen, die Grenzen der anderen wurden mir vertrauter, als ich meine besser kennenlernte. Jemand, der heute hilfsbereit ist, könnte sich morgen einer Idee in den Weg stellen, das ist die Fluidität unserer Zeit, es zeigt sich nicht nur bei den Wahlen, wenn Bürger nicht mehr in einer Partei zu Hause sind, sondern vermeintlich aus Protest die Seite wechseln. Vielleicht gibt einem die Erkenntnis darüber aber auch Kraft oder zumindest vitalisierende Neugier, denn es kann auch umgekehrt ablaufen: Der Blick auf uns und andere ist, wie zu Beginn beschrieben, nie starr. Jene, die ich heute verurteile, könnten mich morgen beeindrucken oder gar unterstützen.

Ich hatte zuvor schon kurz von einem Mann erzählt, der mir einmal inmitten eines Gesprächs sagte, seine Stadt brauche keine Migrantenschrotthalde, ich solle das einfach lassen, es würde nur in der Schublade landen, was ich hier aufbauen will. Ich fühlte mich erniedrigt von seiner Wortschöpfung, immerhin, dachte ich, muss er Migranten noch mit Schrotthalden kombinieren, um sie abzuwerten. Es tat weh, dass nach all den Jahren, in der Einwanderung sich hätte normalisieren können, der Blick auf Einwanderer noch immer so einer sein musste. Ich fühlte aber auch, dass es nur sein Blick war, nur ein Moment in ihm, morgen schon könnte er anders denken. Tatsächlich hat dieser Mensch nach den Anfangsjahren voller Skepsis immer mehr getan, um dem Aufbau dieses Hauses zu helfen, hat sich Projekte mit Migranten angesehen, die im Haus aufgesetzt wurden, und er hat in entscheidenden Momenten für den Aufbau eines solchen Hauses gesprochen. Ich musste lernen, dass Menschen nicht nur ihre Meinung sind, dass man, selbst wenn sie verletzende Dinge äußern, ihre Unterstützung nicht verloren geben muss, auf einer Ebene in ihnen könnte eine Offenheit da sein, die sprachlich nicht zum Ausdruck kommen wird, selbst kognitiv nicht, die jedoch auf einer empathischen Ebene Zugang zu Themen finden kann. Aus diesem Grund funktioniert Twitter nur als Heizkessel, da dort Meinungsextrakte ohne die sinnliche Möglichkeit des Begegnens ausgetauscht werden. Auf Twitter gelingt es, jeden Satz in die nächste Steigerungsspirale zu bringen. Als ich dort einmal schrieb, der Mensch sei mehr als seine Meinung, schrieb jemand darunter, Rassismus sei keine Meinung, und in der Folge wurde mir unterstellt, ich hätte versucht, Rassisten zu entschuldigen. Darum ging es aber nicht. Mir geht es nur darum zu zeigen, dass Debatten, die in Deutschland auch die Arbeit vieler Stiftungen, Vereine und öffentlicher Foren dominieren, nicht der einzige Weg sein werden, um Offenheit für Themen zu erreichen.

Viele fragten mich, weshalb ich in der Aufbauphase nicht mehr auf Antidiskriminierung setzte, man müsste doch einfach mit Gesetzen gegen die Ungerechtigkeiten ankämpfen, was sicher richtig ist, ich halte es dennoch nicht für meinen Weg. Mein Weg war und ist es, insbesondere am Bewusstsein zu arbeiten, nicht Antidiskriminierung, sondern Pro-Vielfalt, Offenheit, Neugier, Zumutung. Wer auf Gesetze allein setzt, macht es einfacher für jene, die einen Rollback politisch wollen. Wenn ich jedoch in den Köpfen der Bürger eine Öffnung auslösen konnte, ist es schwieriger, das gesetzlich rückabzuwickeln. Wir leben in Zeiten, in denen viele progressive Veränderungen nicht mehr von den Bürgern – Bottom-Up – erkämpft werden, sondern von Gerichten und Gesetzgebern durchgesetzt – Top-Down. Demokratische Ideen wurden erfolgreich institutionalisiert, die Folge ist manchmal, dass Institutionen und Strukturen demokratischer sind als Teile der Bevölkerung. Auch das wissen Populisten gekonnt für sich zu nutzen. Hat es eine Meloni in Italien nicht letztlich leichter, wenn sie Gesetze wieder rückabwickeln will, wenn der Wandel in der Breite der Bevölkerung nicht angekommen ist? Eine erfahrene Verwaltungsmitarbeiterin, mit der ich in diesen Projekten in Heidelberg zusammenarbeiten durfte, um das International Welcome Center aufzubauen, sagte als Verwalterin einmal zu mir: Die Arbeit am Menschen, das wollen die meisten nicht mehr. Man regelt aber nicht nur über Papiere, Zugänge und Gesetze allein, man versucht Veränderungen umzusetzen, indem man sich der zwischenmenschlichen Begegnung öffnet. Ich gebe zu, in Zeiten, in der das Ehrenamt zunehmend durchbürokratisiert wird, ist es nicht einmal dort mehr einfach, der Konkurrenzdruck hat zugenommen, alle kämpfen um begrenzte Drittmittel, zu einem direkten Miteinander zu kommen klingt einfach, doch auch dieser gesellschaftliche Bereich ist inzwischen durchoptimiert, durchbürokratisiert, in Teilen durchkapitalisiert, die Konkurrenz ist groß.

Ich habe diesem Kapitel ein Zitat von Audre Lorde vorangestellt, weil sie einen zentralen Gedanken auf den Punkt gebracht hat, den auch ich erlebt habe in den letzten Jahren: Wer aus dem Schweigen ins Sprechen kommt, in die Handlung, vollzieht immer einen Akt der Selbst-Offenbarung, die Ängste verursacht. Aus dem Schweigen ins Sprechen, aus dem Unsichtbaren ins Sichtbare. Als ich die erste politische Rede meines Lebens in Nürnberg hielt, ging es um die NSU-Morde und die Angst vor der Normalisierung der Einwanderungsgesellschaft, die das Morden von Kleinunternehmern bedeutete. Ich wurde nach einem Zeitungstext gebeten, eine Rede zu halten. Man stellt sich in einen Saal und legt die eigene Analyse darüber dar, weshalb man migrantische Körper aus dem öffentlichen Raum vernichten wollte, Menschen, die riskiert haben, diesen öffentlichen Raum mit ihren Läden und kleinen Unternehmen zu verändern. Als Mensch mit Migrationsgeschichte ist man zugleich Teil dieser migrantischen Körper, über die man spricht, das heißt, während man von der Gefahr durch rechtsextremen Terror spricht, betritt man zeitgleich diesen Raum der Gefahr, während man die Öffentlichkeit kritisiert, spürt man, wie man zur Zielscheibe werden könnte, eine Spirale. Das ist für Frauen und Menschenrechtskämpfer nicht anders, aber angesichts des Terrors gegen Eingewanderte, den Deutschland erlebt hat, wird diese Zumutung, die diese Art der demokratischen Arbeit für den Körper und das eigene Sicherheitsempfinden ist, öffentlich unterschätzt. Gerade Kinder von Einwanderern haben Eltern im Rücken, die spüren, dass ihre Kinder sich durch die Sichtbarkeit einer Gefahr aussetzen, die Kinder sehen sich durch die Angst der Eltern oft erst recht angespornt, gegen den Rassismus in dieser Gesellschaft anzukämpfen. Da ist die Angst, es normalisiert sich nie, kaum jemand, der sich für diese Demokratie einbringt, möchte diese Angst gewinnen lassen. Das Paradox dieser Arbeit ist: Jedes Mal, wenn man in dieser Gesellschaft spricht, wird man mehr ein Teil dieser Demokratie, aber auch gleichzeitig eine Andere. Es ist eine merkwürdige Dialektik für alle, die Migrationsgeschichte haben, dass durch ihre Arbeit, die Gesellschaft für alle gleicher zu machen, sie ungleicher wird. Im Ergebnis müssen viele ihre Arbeit irgendwann mit ihrer Herkunftsgeschichte beginnen: Ich mit meinen Wurzeln. Das ist eine Ambivalenz, aus der auch Labels wie »postmigrantische Gesellschaft« uns nicht herausführen werden, dass viele Aktivisten oft müde sind, das Andere zu sein, und dabei gleichzeitig vor allem als Andere Teil des großen Ganzen werden, Teil von Erinnerungskultur, Teil von Preissystemen.

Es war für mich wichtig, mein Denken nicht auf diese Erzählung festlegen zu lassen, ich wollte meine Argumente nicht mit meiner Herkunft begründen, auch wenn natürlich meine Erfahrungen einen bestimmten Blick öffnen, den andere eher erkennen als ich, weil er für mich normal ist, aber ich wollte meine Argumente nicht deshalb gehört wissen, weil ich etwas erlebt habe, sondern weil ich sie nachvollziehbar und für manche vielleicht sogar überzeugend darlegen kann. Daher mochte ich auch die Haltung vieler Aktivisten nicht, wenn es darum geht, die biographischen Erfahrungen in den Vordergrund zu stellen: Heißt das nicht zuletzt, nur wenn ich gewillt bin, alle diskriminierenden Erfahrungen öffentlich breitzutreten, werden sie meine Argumente gelten lassen? Ich fand es befriedigend, aus der Kraft des Arguments heraus zu überzeugen oder Räume zu schaffen, in denen Erlebnisse entstehen könnten, die Menschen aus ihren Schablonen und Zuschreibungen befreien. Als ich anfing, die Arbeit in Heidelberg zu machen, lernte ich wie erwähnt einen Einwanderer der ersten Gastarbeitergeneration kennen, der mir sagte: »Mit mir werden sie Probleme haben! Deutsche wollen einem die Beine abhacken, damit sie einem Krücken geben können, ich lasse das nicht zu!« Er sah mich als Deutsche, weil ich das Ganze im Auftrag der Stadt machte. Jahre später kam er zu einem Abend, »Songs of Gastarbeiter«, in dem die Lieder der Gastarbeiter neu aufgelegt und gefeiert wurden, und sah nur vom Rand aus zu, wie die Jüngeren tanzten. Als er spät in der Nacht ging, sagte er zu mir: »Sie haben es geschafft, dass man nicht über unsere Probleme redet in diesem Haus, über das, was wir nicht können. Sie haben es geschafft, dass wir wir sein können mit unseren Talenten, schützen Sie das.«

Es gab Stiftungsmitarbeiter, die mir auf Konferenzen sagten, es sei schwierig, an meine Projekte anzudocken und sie zu unterstützen, weil ich in meiner Arbeit keine Probleme formuliere, sondern dem Gelingenden Räume gebe. »Bei dir wirkt es, als gäbe es gar keine Probleme.« Ich sagte, ja, ich will neben all dem, was nicht läuft, einen Raum schaffen, in dem das sein darf, was für viele längst Realität ist: der Reichtum des Zusammenlebens mit Ideen und Impulsen, die man ohne die anderen nicht gehabt hätte. Ich musste lernen, auch ohne zusätzliche Fördermittel von jenen, die entscheiden wollten, was die Einwanderungsgesellschaft braucht, die Arbeit zu machen, ich wollte mit den Menschen vor Ort selbst herausfinden, was sie tun möchten. Es braucht dafür aber Gelder und feste Strukturen, weshalb die Stadtverwaltung und der Gemeinderat in Heidelberg damals aus meiner Sicht progressiv waren: Hier musste ich das Defizit nicht suchen, sondern durfte mit den Ressourcen experimentieren. Meines Erachtens haben wir damals mit dem International Welcome Center genau das geschaffen: einen Ort, an dem diese Vielfalt gelebt werden kann, indem sowohl die Zivilgesellschaft als auch die Verwaltung voneinander lernen konnten, ohne dass man ständig nach Defiziten suchen musste, die man in Programmen beheben sollte. Die Infrastruktur war seitens der Stadt da, die eingewanderten Menschen in der Stadt konnten selbst entscheiden, wie sie sich einbringen, die Einflussnahme von oben war begrenzt, die Struktur, die eben nicht nur ein Projekt war, sondern Teil der Kommune und auch für die Zukunft gesichert war, hatten die Stadtgesellschaft, die Stadtverwaltung und der Gemeinderat ermöglicht, indem sie sich vom Ansatz befreit hatten, Defizite zu suchen und die Ressourcen der Einwanderungsgesellschaft in den Mittelpunkt stellten.

Für mich war das eine entscheidende Erfahrung, raus zu dürfen aus dem Defizitdenken der meisten Programme, die es zum Thema Einwanderung gibt, die ständig nach den Sollbruchstellen suchen, die Migration immer auf die Fragen des Gestern zurückwerfen und letztlich die Mehrheitsgesellschaft überzeugen müssen, ein Mehrwert zu sein. Das diskursive Deutschland ist für viele Einwanderer inzwischen eine Zumutung, wer eine vitale Einwanderungsgesellschaft will, muss daran arbeiten, sich aus dem algorithmenartigen, binären Denken zu lösen und Räume zu schaffen, in denen eine Gegenwart möglich ist, die nicht überschattet wird von gestern und einem politischen Diskurs, der wenige Ideen für die Gegenwart hat. Daher sind auch viele Förderprogramme für Engagierte nur eine Reproduktion der Probleme, weil die Problemstellungen sowie die Maßnahmen das Defizit in den Mittelpunkt stellen. In Heidelberg hat die Stadt mir erlaubt, die Ressourcen zu fokussieren, nach dem zu suchen, was die diverse Bevölkerung in der Stadt an Potenzial aufweist und wie man auf Basis dessen Begegnungen ermöglicht, die es einer Stadt auch in Krisenzeiten ermöglicht, auf die Netzwerke zurückzugreifen. Als etwa die Coronapandemie ausbrach, konnte das Interkulturelle Zentrum durch seine jahrelange Arbeit Vereine bitten, die Informationen in kleinen Erklärvideos mehrsprachig selbst aufzuzeichnen und per digitale Gruppen an alle zu senden. Das war lange bevor die Bundesregierung auf die Idee kam, die Regeln mehrsprachig zu übersetzen. Von der UNESCO wurden wir als »City of Dreamers« bezeichnet, weil es uns gelungen ist, gemeinsam inmitten von Problemen nach kreativen Lösungen zu suchen. Überhaupt: Lösungserzählungen zu suchen, statt nur in der Aufarbeitung stehen zu bleiben.

Was Audre Lorde sagte, diese Offenbarung des

Selbst, war etwas, das mir zu Beginn nicht bewusst gewesen ist, das mich viel Arbeit gekostet hat und das ich dieser Gesellschaft manchmal übelnehme, auch wenn ich weiß, dass das unreif ist. Wer fragt sich nicht manchmal, warum er sich das alles gibt? Warum ist es eine Selbstoffenbarung, daran zu glauben, dass man friedlich koexistieren kann, eine, für die man Hass und Hetze ernten muss? Es ist eine Selbstoffenbarung, weil viele in unserem Land das nicht tun würden und mein Tun für ein besseres, friedliches Miteinander in seinem Gelingen leider für viele schon eine Provokation wurde, obwohl ich das nicht im Sinn hatte, als ich Projekte umsetzte. Mir ging es ums Gelingen. Doch nicht alle wollen dieses Gelingen. Die Provokation machen letztlich die anderen daraus, die sich provoziert fühlen, für die mein Blick nicht die Normalität ist, sie ertragen ihn jedoch nicht einmal als gleichzeitig existierende Realität zu ihrem Weltbild. Als ich etwa ein Interkulturelles Fest organisieren musste zu Beginn meiner Arbeit im Interkulturellen Zentrum, berichtete am nächsten Tag die Regionalpresse prominent von dem Fest, weil mehrere tausend Menschen gekommen waren. Ich bin selbst nicht überzeugt von solchen Formaten und Festen, aber andere waren es, sie wollten auch Traditionen ihrer anderen Kulturen feiern, und so half ich beim Umsetzen, sie vertrauten sich schließlich ansonsten auch meinen Projektideen an. In der Zeitung sah man dann Menschen in ukrainischen Trachten, ich sah damals nur strahlende Kinder in weißen traditionellen Kleidern, aber als ich am Morgen ins Büro kam, hatte ich mehrere Nachrichten auf dem Anrufbeantworter, die mich aufforderten, ich solle mitsamt meinen rückständigen Kulturen dieses Land verlassen. Nach größeren Stadtfesten stellte ich in den ersten Jahren das Telefon so um, dass niemand im Team meine Anrufe entgegennehmen musste, sondern sie direkt auf meinem Anrufbeantworter landeten. Ich hatte viele Studierende gewonnen, die neben dem Studium mithalfen, ich wollte nicht, dass diese Wucht der Verachtung bei den Jüngeren landete, die sich hier einbrachten, weil sie in einer Stadt leben wollten, die eben mehr kann als Homogenität und Tradition. Es dauerte mehrere Jahre, bis in einer Stadt, die sich in vielen Bereichen als weltoffen beschreibt und deren migrantischer Anteil höher ist als in den meisten deutschen Städten, deren migrantischer Anteil gebildeter und kosmopolitischer ist und der dennoch diesen Rassismus weckt in manchen Teilen der Bevölkerung, bis das Projekt aus der Schmuddelecke raus durfte. Es gab Bürger in hohen Positionen, die, wenn das Interkulturelle Zentrum Sommerpause machte, so wie das Theater und viele andere Kultureinrichtungen, bei hohen Stellen in der Stadt anriefen und meinten, sich beschweren zu müssen, fragen zu müssen, ob wir denn auf dem Balkan seien, hier wochenlang zu schließen, in Deutschland arbeite man durch, das solle man mal der Leiterin ausrichten! Hat man. Sie hat es ignoriert und die Schließzeiten, die in Kulturbetrieben üblich sind, beibehalten. Auch das war ein Mensch, den ich nach Jahren schließlich auf meiner Seite des Projekts hatte, doch dessen Blick auf mich und das Haus, das ich auf den Weg bringen sollte, zu Beginn ein ganz anderer war. Nicht nachtragend zu sein war eine der fordernden und großen Lektionen in diesem Bereich, wer lange nachträgt, wird selbst schwermütig und nicht mehr frei vom Blick der anderen auf sich selbst. Ich musste mir immer wieder den Blick freikämpfen auf die Arbeit, die Menschen, mit denen ich arbeitete und jene, die sie abwerteten. Doch vor allem eines half gegen das Nachtragen: Ich hatte die Menschen ja endlich auf unserer Seite, als Unterstützer für das Projekt, wenn wir das nicht lernen, die Zuschreibungen dann auch wieder loszulassen, verweigern wir uns selbst dem Lernprozess, den andere ja auch gewagt haben.

Ich lernte irgendwann, so zu denken, dass dieser Blick der anderen auf mich oder das Projekt als anderes nicht mich beschämen muss, sondern etwas über sie selbst und die Enge ihrer Welt erzählt. Ich hatte zuvor in Heidelberg studiert und war in einer internationalen Studierendenwelt nicht in diesem Ausmaß mit dieser Enge in vielen Köpfen konfrontiert worden, die akademische Welt ist natürlich weitläufiger. Und doch sah ich, dass andere etwas anderes sahen, selbst dort, wo ich selbst noch nie daran gedacht hatte. Eine Studienkollegin, die ich aus dem Wohnheim flüchtig von früher kannte, sprach mich einmal auf der Straße an und sagte: »Ihr übernehmt ja jetzt!« Ich sah sie fragend an, wer denn »Ihr« sei und was übernommen werde? Sie antwortete, ich und eine andere Studienkollegin mit türkischer Mutter und deutschem Vater leiteten jetzt Projekte in der Stadt, wir übernähmen nun also Kontrolle über wichtige Positionen. Ich nickte. Ich hatte an den wenigen Studienabenden mit ihr nie daran gedacht, dass ich aus ihrer Sicht Teil eines »Ihr« sein könnte, schon gar nicht wäre mir in den Sinn gekommen, dass sie bei Menschen meiner, also unserer Generation von einer Übernahme sprechen würde, dass sie überhaupt so binär auf die Realität sah – ich nickte nur wie ein Automat, ich musste erst erfassen, wie sie auf das Ganze blickte, manchmal, gebe ich zu, stand ich neben mir, war perplex und nicht schlagfertig, weil ich es einfach nicht kommen sah. Ja, wir übernehmen jetzt, dachte ich später, vielleicht wird's dann mal besser. Je sichtbarer ich wurde, desto sichtbarer wurde auch das, was andere »othern« würden. Die Selbstverständlichkeit, Ich zu sein, die wollte ich mir jedoch nicht nehmen lassen.

Ich habe – ohne es zu wissen – früh gespürt, dass dieses Sich-Zeigen, das Audre Lorde meint, etwas ist, zu dem ich ambivalent stehe. Bei den ersten Veranstaltungen, die ich machte, verschwand ich in einer hinteren Ecke des Raums und ließ den damaligen Integrationsbürgermeister Wolfgang Erichson die Arbeit machen, das Ganze vorzustellen, die Gäste im Saal zu begrüßen. Einmal bei einer Eröffnung rief er in den Raum hinein, wo denn eigentlich die Frau sei, die sich das alles hier ausgedacht und die Leute zusammengebracht habe. Ich machte abwehrende Zeichen von hinten aus einer Ecke des Raumes, signalisierte, nicht nach vorne kommen zu wollen, ich hatte ja meinen Teil der Arbeit schon gemacht, dachte ich, warum sollte ich mich noch zeigen müssen? Er bestand darauf, dass ich vorkomme, mich zeigen müsse, meine Ziele zum Ausdruck bringen müsse, und wenn ich jetzt nicht käme, warte er eben so lange, bis ich da sei. Das tat er schließlich auch, bis ich dastand und mein erstes Begrüßungswort sprach. Dank Lorde wusste ich später, warum ich das als Schwelle empfand.

> If you don't feel like your inner life is strong enough to balance the world outside, then no amount of external accomplishment makes up for that.

Ich verstand erst im Nachhinein, als ich Audre Lordes Satz las, »the transformation of silence into language and action is an act of self-revelation, and that always seems fraught with danger«, dass ich fürchtete, zeigen zu müssen, dass ich an eine andere Gesellschaft glaube, daran, dass Menschen mit ihren Differenzen umgehen können, ins Gespräch gehen können, herausgefordert werden dürfen. Ich spürte, dass viele diese Vorstellungskraft als Angriff verstehen mussten. Wie können sich Menschen vom Wunsch nach einem friedlichen Miteinander angegriffen fühlen? Musste ich wirklich zeigen, was ich denke, oder ginge es nicht einfacher ohne mich, so wie der Markt mit unsichtbarer Hand regelt? Doch selbst wenn man sich nicht zeigte, zeigte die Handlung, die man ausübte, wo man stand. Morgens kamen Drohnachrichten ins Postfach, wenn etwa rechtsextreme Internetseiten Lügen verbreiteten über meine Arbeit, zum Beispiel, weil ich angeblich trotz Corona Veranstaltungen machte, vor allem mit Geflüchteten, um Bürger anzustecken. Nichts davon stimmte. Ich habe es auch nie öffentlich gemacht, was eine Strategie ist, damit umzugehen. Ich wollte damals nicht, dass sich deren hasserfüllter Blick vor das schiebt, was die Menschen hier aufbauen. Wie schützt man das Sein und Tun der Menschen vor dem hasserfüllten Blick in dieser Gesellschaft? Mein Weg war es, die nicht zu verstärken, die ihre Verachtung über alles legen würden, und eher das zu stärken, was neu entstand, die Menschen zu unterstützen, die Ideen hatten, statt mit all jenen Schattenboxen zu betreiben, die zersetzen wollten.

Ich schreibe und erzähle nach wie vor ungern von diesen Themen, aber da die Diskussionen immer härter werden und Menschen, die sich für ein demokratisches Miteinander einsetzen, öfter von Erschöpfung berichten und inzwischen nicht selten Angst haben, möchte ich diese wenigen Einblicke geben. Manche meinen, man könne sich nur in sich zurückziehen und die schwierigen Diskussionen unserer Zeit verschwinden, ich fürchte aber, dass wir nicht nur innere Arbeit machen können und dann geht es uns auf magische Weise gut. Diese Flucht in eine Innerlichkeit, die sich von den Bedingungen um einen herum abkoppeln will, macht es den rechtsextremen Kräften leichter, ihren Kampf gegen demokratische Grundwerte voranzutreiben. Es braucht eine Mehrheit in Demokratien, die eine Balance findet, zwischen dem Innen und Außen, die bereit ist, sich für die Unruhe im Außen einzusetzen, ohne die Ruhe im Inneren zu verlieren. Ich träume nicht von einer utopischen Gesellschaft, in der alle friedlich bei Latte Macchiato dasselbe denken. Ich denke auch nicht, dass irgendeine Ideologie in unseren Zeiten zufriedenstellende Antworten auf die Herausforderungen der Gegenwart hat, ich fürchte, wir müssen jenseits von Ideologien nach Lösungen suchen, Ungewissheiten ertragen. Es sollte auch keine Top-Down-Lösungen der vermeintlich Guten Demokraten geben, die gute Regeln für alle verordnen, weil sie wissen, dass es gute Lösungen sind. Wer diesen Argumentationen folgt, ist den autoritären Kräften näher, als er sein will.

Ich bin überzeugt, dass wir den demokratischen Streit brauchen, um am demokratischen Bewusstsein zu arbeiten, der uns in ein reiferes demokratisches Miteinander bringt, statt in die Regression, die jede Flucht ins Autoritäre bedeutet. Man muss Ängste, Wut und die Erschöpfungen aushalten lernen, sowie man lernen muss, wie man sich wieder von ihnen befreit.

Self-Esteem, das schöne Wort, das ich mir bei Gloria Steinem geborgt habe, das von Selbstbewusstheit spricht, nicht von Selbstbewusstsein. Es geht nicht darum, das stärkste Ich zu haben, sondern ein Ich, das sich der eigenen Vielheiten und Widersprüche bewusst ist, um den Vielheiten und Widersprüchen einer Gesellschaft gewachsen zu sein. Ganz gleich, was man einer Gesellschaft geben möchte, alles Tun im Außen beginnt mit dem, was man sich selbst im Inneren zu geben weiß. Der Zuspruch von außen ist so selbstverständlich wie der Widerspruch, die Anerkennung so wuchtig wie die Abwertung. In einer pluralen Demokratie wird zum Glück nie jeder applaudieren, es geht darum, eine Balance zu schaffen, in sich und im Außen. Dabei muss der Anfang immer das Innere sein. Ich muss hier nicht erwähnen, wie viele erschöpft sind von Menschenrechtsarbeit, ich will niemandem zu nahe treten, aber meistens heißt das, die innere Balance fehlt. Barack Obama sagte einmal auf einer Veranstaltung in Deutschland, er träume nicht davon, dass er Ideen habe, die letztlich alle erobern, ein utopisch-friedliches Miteinander, das eine Frau im Publikum sich gewünscht hatte. Nein, sagte er, »I am deep in the mud«. Er stehe tief im Schlamm, dort, wo die Demokratie ihre Widersprüchlichkeiten zeigt und ihre hässlichen Fratzen, nicht, weil das ein schöner Ort ist, sondern weil er echt ist, weil Menschen hier Menschen sein können in ihrer ganzen Fehlbarkeit und ihrer Art, den Lebensdruck an die Welt zurückzugeben.

Ich will in diesem Schlamm stehen, ich halte das für richtig. Sich nicht in Kreise zurückzuziehen, die eigene Visionen überhöhen, sondern in diesem Schlamm stehen zu können – und es zu wollen –, statt der Illusion hinterherzurennen, es könnte je eine utopische, saubere Welt sein, in der wir leben – und das am besten schnell. Alles, was ich vielleicht mitgeben kann, jenen, die sich in diese Demokratie einbringen wollen, ist der Glaube an die innere Stärke, daran, dass aus ihr eine Hoffnung erwachsen kann. Eine unermüdliche Beharrlichkeit, den Blick immer wieder auf das zu richten, was noch gelenkt werden kann, damit wir in einer gerechteren Welt leben und nicht in einer, in der sich immer weniger Menschen immer mehr Privilegien sichern. Die Hoffnung, dass man die innere Balance bewahren kann, auch wenn die

Welt um einen herum sich anfühlt, als hielte sie nichts mehr zusammen. Dieses Selbstbewusstsein, dass man auch inmitten des Chaos noch Ich sagen kann und weiß, wer das sein könnte und in welche Richtung dieses Ich gehen will.

Lösungslust

Dieses Buch ist auch deshalb entstanden, weil ich durch den Schritt, Theorie und Praxis zu verbinden, eine Qualität entwickelt habe, die für mich im Studium, aber auch später bei den bundesrepublikanischen Debatten, zu kurz kam: Pragmatismus und Lösungslust. Kritisches Denken war schon im Studium oft begleitet von einer fast schon überheblichen Suche nach Fehlern, nach jenen Gedanken, die einem Text oder einem Theoretiker fehlten, später, in den bundesrepublikanischen Debatten, wurde oft diskutiert, als wären Diskussionen etwas wie l'art pour l'art der deliberativen Demokratien und nicht eine ihrer wesentlichen Handlungsräume. Le débat pour le débat, die Debatte um der Debatte willen, macht aus dem argumentativen Beratschlagen in einer Demokratie einen zersetzenden Prozess. Natürlich gibt es Erkenntnisgespräche, in denen man durch das Abwägen und Verfeinern der Argumente das Verständnis vertieft, das sind jedoch leider oft nicht die Diskussionen, die die Breite der Gesellschaft betreffen oder die gebührende mediale Aufmerksamkeit erhalten. Die hysterischen Diskussionen sind nur ein Teil des derzeitigen Problems, ein anderer ist der Mangel an Ideen, die eine zukunftsorientierte Lösung anbieten. Die Spiralen im Netz sind ein Problem, das ich in diesem Buch beschrieben habe und bei dem ich hoffe, einen Ausweg anzubieten, gleichzeitig fehlt es derzeit an pragmatischen Ideen, die im Raum stehen und die Probleme, über die man jahrelang diskutiert, in eine Lösungsphase bringen könnten. Diese Zermürbungsmechanik gehört zu dem, was Bürgerinnen und Bürger derzeit von der Demokratie abbringt, weshalb immer mehr anfällig werden für autoritäre Herrschaft, weil die Streitkultur in der Demokratie derzeit vielen nicht mehr die beste aller Staatsformen zu sein scheint. Wer also von der Demokratie als beste Staatsform spricht, was angesichts der Vergleichsmodelle stimmt, muss über andere Beteiligungsformate nachdenken als Erregungsdiskurse. Jenseits der Probleme, die jene darlegen, die sich mit *Fake News* und Algorithmen beschäftigen, fehlt vielen im Alltag eine spürbare Erfahrung, weshalb das Leben in einer Demokratie lebenswerter ist als in anderen Staatsformen. Zynisch könnte man einwenden, es fehlt die Erfahrung, in einer Diktatur gelebt zu haben; dieser Zyniker wird jedoch ratlos vor jenen stehen, die in einer Diktatur lebten und in einer Demokratie wie unserer trotzdem nicht die große Freiheit empfinden. Sanfte Radikalität war für mich ein Weg, aus den diskursiven Spiralen in eine Handlungssphäre zu gelangen, in der Kritik allein nicht ausreicht, sondern das tiefere Einlassen auf die Probleme und Menschen eines Ortes ein besseres Verständnis von Struktur und Orten ermöglicht, was zur Folge hat, dass auch Handlungsoptionen sichtbar werden. Demokratische Gesellschaften haben Spielregeln, diese Spielregeln kennenzulernen eröffnet jedem Einzelnen Gestaltungsräume – auch jenseits klassischer politischer Parteien. Es wird gerne von Selbstwirksamkeit gesprochen, die auch entsteht in solchen Prozessen, ich wünsche mir jedoch, dass wir jenseits von diesem Selbst oder darüber hinaus eine Lösungslust wiederentdecken, die es möglich macht, wie Tüftler über dem Problem zu sitzen im Vertrauen darauf, dass es eine Lösung gibt, die nur gefunden werden will. Nur einen etwas größeren Teil des öffentlichen Gesprächs auf die beste Lösung zu richten als auf die größten Probleme wäre schon ein Anfang. Man muss nicht auf »die Medien« warten, oder »die Politiker«, jeder Einzelne kann um sich herum Probleme finden, die einer Lösung bedürfen und sich auf den Weg machen. Auch darum ging es mir in diesem Buch: Statt sich im Kreis zu drehen und noch einmal klarer und präziser das zu formulieren, was nicht ist, einmal raus aus diesem Kreis zu treten und zu fragen: Was könnte sein und werden, weil ich da bin und bereit bin, eine Lösung zu suchen, am besten mit anderen.

Dank

Am Ende dieses Buches möchte ich danke sagen: meinen Eltern und den Menschen meiner Kindheit, die den Mut hatten, Pioniere in Deutschland zu sein – Einwanderer in einem Einwanderungsland, das keines sein wollte. Ohne diese Menschen und ihre Entscheidungen, ohne die Diskrepanz zwischen dem Blick auf ihre Leben und dem oft abgekoppelten Diskurs über sie, wäre mein Blick auf dieses Thema und die diverse Gesellschaft sicher ein anderer. Er wäre vor allem reine Theorie. Vieles, was in den Diskussionen um Einwanderung, Ausländer und Integration in den letzten Jahrzehnten in Deutschland eine Rolle spielte, hatte mit der Lebensrealität der Eingewanderten und ihrer Kinder wenig zu tun. Den Stolz dieser Menschen hat das nicht gebrochen, etwas anderes hätten sie dennoch verdient. Ohne dieses Gefühl von Mangel an Anerkennung für diese Generationen hätte ich mich weder für das Projekt in Heidelberg engagiert noch dieses Buch geschrieben, allein dafür danke. Der größte Dank gilt jedoch ihrem Mut zu dem Traum, dass es die Kinder in Deutschland besser haben könnten. Heute arbeiten viele von uns daran, dass er Wirklichkeit wird, auch dafür danke ich allen, die in den letzten Jahren bundesweit daran mitwirkten.

Für die Zeit in Heidelberg könnte ich unzähligen Menschen danken, möchte aber einige hervorheben. Beginnend mit dem Ausländer- und Migrationsrat, der schon zwanzig Jahre vor meinem Arbeitsbeginn damals die Idee eines interkulturellen Hauses eingebracht und daran festgehalten hat. Mein Dank gilt zunächst dem Gemeinderat, der mir 2012 das Vertrauen und die Gelegenheit gab, meine Ideen vorzustellen und in den folgenden Jahren politisch konsequent hinter dem Projekt stand. Mein besonderer Dank gilt dem damaligen Integrationsbürgermeister Wolfgang Erichson, ohne dessen unkonventionelle, mutige, stärkende und freiheitsliebende Art ich es nicht geschafft hätte, die Störungen, die ich mit meinen Ideen zu Beginn ausgelöst habe, für den Anfang eines Weges zu halten, auf dem noch viel mehr kommen wird. Es hätte für mich kein wichtigeres Ende unserer Zusammenarbeit geben können als unseren Besuch in Hanau und den Austausch mit den Menschen, die dort ein Haus aufbauen wollen. Ich danke Oberbürgermeister Eckart Würzner dafür, dass sein Bild von Einwanderung nicht in den Klischees der Achtziger Jahre feststeckte und er jede Idee, die etwas Neues einbrachte und die Ressourcen der Stadt sichtbar machen sollte, mit voller Kraft unterstützt hat. Ich danke Waseem Butt und Michael AlliMadi für ihre Leidenschaft und den Einsatz für ihren Kampf, auch ohne kommunales Wahlrecht etwas verändern zu können. Meiner damaligen Kollegin Brigitte Klingler danke ich für ihre Professionalität und Offenheit sowie für die Menschlichkeit, die sie in jede Veranstaltung einbrachte. Viele haben die Entstehung des Hauses unterstützt und mitgeholfen, das Programm anfänglich mit begrenzten Mitteln zu realisieren. Der Knappheit des Raumes wegen möchte ich hier nur Andrea Schimmer, Dominik Loest und Philipp Baun hervorheben. In der Verwaltung und den städtischen Einrichtungen gäbe es so viele Namen, auch hier platzbedingt leider nur eine Auswahl: Roland Haag, Nicole Huber, Anne-Kathrin Knupfer, Achim Fischer, Holger Schultze, Jürgen Odszuck, Michael Braum, Petra Haas, Birgit Johann, Klaus Mevius und natürlich insbesondere die Kollegen, die für die Zuwanderungsbehörde zuständig waren und dank deren wir bei der Konzeption so viel voneinander lernen konnten: Bernd Köster und Carola de Wit. Ingrid Schinz danke ich für ihre Räume und die Art, sich begeistern zu lassen. Ich danke besonders meiner Lektorin Yelenah Frahm, die mich bei der Entwicklung der Idee für dieses Buch unterstützt hat und ohne deren Geduld und Zutrauen es dieses Buch vielleicht nicht gäbe. Thank you to my flying agent for finding me. Last but not least geht mein Dank an alle Ehrenamtlichen, die sich engagiert haben, und alle Neugierigen, die sich auf den Austausch eingelassen haben.

Bücher

Es gibt Bücher, die Aspekte der Fragen, die ich in diesem Buch verhandle, auch behandeln, und die mich beim Schreiben angeregt, irritiert oder inspiriert haben. Es ist ein Leseliste für alle, die sich weiter mit den Themen beschäftigen möchten, und die bereit sind, sich beim Lesen sowohl bestätigt zu sehen als auch in Frage stellen zu lassen:

Daren Acemoglu und James Robinson – Warum Nationen scheitern. Die Ursprünge von Macht, Wohlstand und Armut

Maya Angelou – And Still I Rise

Maya Angelou – I Know Why the Caged Bird Sings

Jan Assmann – Das kulturelle Gedächtnis. Schrift, Erinnerung und politische Identität in frühen Hochkulturen

David Baddiel – Juden zählen nicht

James Baldwin – Go Tell it on the Mountain

Monika Blume, Dorlis Boll und Raphael Gross (Hg.) – Hannah Arendt und das 20. Jahrhundert

Karl Heinz Bohrer – Selbstdenker und Systemdenker. Über agonales Denken

Albert Camus – Speaking Out. Lectures and Speeches 1937–1958

Ta-Nehisi Coates – Between the World and Me
Hein de Haas – Migration. 22 populäre Mythen und was wirklich hinter ihnen steckt
Joan Didion – Where I Was From
Annika Domainko u. a. (Hg.) – Canceln. Ein notwendiger Streit
Eve Ensler – Reckoning
Didier Eribon – Eine Arbeiterin. Leben, Alter und Sterben
Niall Ferguson – Der Westen und der Rest der Welt. Die Geschichte vom Wettstreit der Kulturen
Estelle B. Freedman (Hg.) – The Essential Feminist Reader
Michel Friedman – Judenhass. 7. Oktober 2023
Timothy Garton Ash – Free Speech. Ten Principles for a Connected World
Jane Goodall – The Book of Hope
Eric Greitens – Navy SEAL Resilienz: Werden Sie mental stark wie ein Elitesoldat und finden Sie den Weg aus jeder Krise
Asad Haider – Mistaken Identity. Race and Class in the Age of Trump
Thich Nhat Hanh – Umarme deine Wut
Tony Judt und Timothy Snyder – Nachdenken über das 20. Jahrhundert
Ian Kershaw – Personality and Power. Builders and Destroyers of Modern Europe
Marlene Knobloch – Serious Shit. Die Welt ist gefährlich – und warum wir das erst jetzt merken
Bernard-Henry Lévy – The Virus in the Age of Madness

Audre Lorde – The Master's Tools Will Never Dismantle The Master's House
Audre Lorde – Your Silence Will Not Protect You. Essays and Poems
Edouard Louis – Wer hat meinen Vater umgebracht
Steven Henry Madoff (Hg.) – What About Activism?
Nora Markand und Ronen Steinke – Jura Not Alone. 12 Ermutigungen, die Welt mit den Mitteln des Rechts zu verändern
Steffen Mau – Das metrische Wir. Über die Quantifizierung des Sozialen
Meron Mendel – Über Israel reden: Eine deutsche Debatte
Alexander und Margarete Mitscherlich – Die Unfähigkeit zu trauern. Grundlagen kollektiven Verhaltens
Simon Sebag Montefiore (Hg.) – Reden, die unsere Welt veränderten
Toni Morrison – Burn this Book. PEN Writers Speak Out on the Power of the Word
Toni Morrison – The Source of Self-Regard
Michelle Obama – Becoming
George Orwell – All Art is Propaganda
Ruprecht Polenz – Tu was! Kurze Anleitung zur Verteidigung der Demokratie
Heribert Prantl – Gebrauchsanweisung für Populisten
Hans Rosling – Factfulness. Wie wir lernen, die Welt so zu sehen, wie sie wirklich ist
Werner Schneiders – Das Zeitalter der Aufklärung
Sarah Schulman – Conflict Is Not Abuse. Overstating Harm, Community Responsibility, and the Duty of Repair

Amartya Sen – The Idea of Justice
Albert Serra – A Toast to St. Martirià
Timothy Snyder – On Tyranny. Twenty Lessons from the Twentieth Century
Rebecca Solnit – Wenn Männer mir die Welt erklären
Gloria Steinem – My Life on the Road
Gloria Steinem – The Truth Will Set You Free, But First It Will Piss You Off. Thoughts on Life, Love, and Rebellion
Sinthujan Varatharajah – an alle orte, die hinter uns liegen
Weber Max – Politik als Beruf